株の暴《ぼう》騰《とう》が始まった！

朝倉 慶

幻冬舎

株の暴騰《ぼうとう》が始まった！

まえがき

「戌笑《いぬわら》う」という株式市場の格言通り、戌年の2018年は最高のスタートとなりました。今年最初の取引で、日経平均は741円高と、驚異的な数字を出したのです。「1年の計は元旦にあり」と言われますが、株式市場において年初めの動きは、その年を占う意味で重要です。その取引初日が22年ぶりの大幅高となったわけですから、今年1年の株高は約束されたようなものでしょう。

一方、米国株の上昇の勢いも、まったく衰えていません。ナスダック市場は取引初日に大台の7000ポイント乗せ、NYダウは1月4日に2万5000ドル乗せ、S&P500も大台の2700ポイント乗せと、3指数とも史上最高値を更新しました。

世界中が株高を謳歌《おうか》している状態です。2017年からの流れをしっかり受け継ぎ、世界経済は「インフレなき景気拡大」という理想的な状況が続いているのです。

ところが日本では、株高で浮かれるような気配はまったくありません。なぜか日本人は、株高に対して冷ややかなのです。高額消費も大きく盛り上がっているわけではありません。いったい、どうしたのでしょうか？

証券マンの顔色も冴えません。株式の売買は盛り上がらず、顧客も思うほど儲かっていないといいます。

驚くべきことに、日本人の多くは、株高の利益を享受できていないのです。

昨年はビットコインの暴騰が話題になりました。取引の4割は日本人で、それを主導しているのは若者たちです。巷では「億り人」続出ということで、景気のいい話題で盛り上がっています。

昨年、ビットコインの価格は一時20倍にまでなり、時価総額が34兆円まで膨れ上がりました。普通に考えれば、この取引を主導したのは日本人なので、その儲けは13兆円を超えてもおかしくないはずです。

しかしながら不思議なことに、日本の若者たちの間で高額消費が盛り上がっている気配はありません。13兆円儲かれば、単純に計算して1億円の儲けの「億り人」は13万人になるはずです。しかし、そのような話は聞きませんし、「億り人」はせいぜい数百人程度と言われているだけです。

何かがおかしいようです。ビットコインの膨大な儲けはどこに眠っているのでしょうか？

また、なぜ日本人の多くは恩恵に浴せなかったのでしょうか？

そして、これから株式市場はどうなっていくのか？

いよいよ賃金は上がり始めるのでしょうか？

本書は、これらの疑問にスポットを当てて、具体的に解説していきます。

世界は今、驚くべき技術革新の最中にあります。ＡＩ（人工知能）や自動運転の技術など日進月歩で進化し、私たちの生活は劇的に変わりつつあります。

この第４次産業革命とも言われる変化のなかで、日本企業は輝きを増しています。日本企業は毎年のように史上最高の利益を叩《たた》きだし、儲けは膨らむばかりです。

「デフレからインフレへ」の転換を目指す日本政府は、年金基金で株式を購入し、企業に対しては株主としての利益還元を強く求めています。

とにかく「貯蓄から投資へ」を推し進めるということで、「つみたてＮＩＳＡ（少額投資非課税制度）」も始動しました。

日本政府の株高政策は、勢いを増しています。企業側も時代の要請に応え、株主への利益還元を増やし、配当も増やす一方です。

折しも株式市場を覆っていた、地政学的リスクである北朝鮮問題も、年初から動きだしました。楽観はできませんが、対話モードに変わってきたようで、いい方向に動いていくかもしれません。

日本の株式市場は長くて暗いトンネルから抜けだしました。株価の上昇はこれからが本番です。その上昇は時間とともに、さらに勢いを増し、多くの日本人は驚愕することでしょう。

株を買わなければ、あなたの資産運用に未来はないのです。目を覚まして現実をみてください。世の中が変わりつつあります。永遠のデフレなどあり得ません。

やがて賃金も上がり、物価も上がってきます。デフレからインフレへの流れはゆっくりと、そして確実にやってくるのです。

2018年1月

朝倉　慶

株の暴騰《ぼうとう》が始まった！　目次

第一章　ビットコイン相場の正体

第二章　賃金はなぜ上がらないのか

第三章　株高に乗り遅れるな！

第四章　米国経済はどうなるのか

第五章　北朝鮮、サウジ、イスラエルから目が離せない！

第六章　先がみえない中国のゆくえ

装丁　萩原弦一郎（２５６）
図版・ＤＴＰ　美創

第一章

ビットコイン相場の正体

ビットコインの日本人投資家は1000人から100万人へ

「保管していたビットコインがなくなってしまった。本当に申し訳ない」

2014年2月28日、当時ビットコインの最大の取引所であったマウントゴックスのマルク・カルプレス社長は、東京地裁に民事再生法を申請しました。

当時、喪失したと言われた金額は、顧客保有分75万ビットコインと、自社保有分10万ビットコイン、総額にして114億円ほどでした。

マウントゴックスの顧客12万7000人のうち、日本人は0・8%で、約1000人でしたが、当時1000ドル台に達していたビットコインは、100ドル台に暴落しました。

「やっぱりか……」

多くの人はビットコインに危うさを感じていたので、事件の発生とビットコインの暴落を当然の帰結と思ったことでしょう。

当時から、将来的に仮想通貨の需要は拡大するということは予想されていました。ただビットコインは、当時は出始めたばかりで怪しげな体制であり、セキュリティに対しての信頼感もなく、仮想通貨ブームも一時的なものだろうという見方がありました。

ところが今や、そのビットコインは急成長を続け、連日ニュースとなっています。

2017年12月10日、シカゴの先物取引所に上場したビットコインの先物は、価格が2割も上昇して、初日の取引を終えました。

ビットコイン先物の1月物の価格は、1ビットコインあたり1万8545ドル。取引時間中は値動きが激しく、サーキットブレーカーによる売買の一時停止（10％動いた時点で数分の売買停止となる）は複数回に及びました。

初日の取引におけるビットコインの時価総額は、トヨタの時価総額を大幅に上回り、34兆円という数字になりました。

2014年にわずか114億円の資産喪失で、最大の取引所であるマウントゴックスが倒産したということが信じられない展開です。

また倒産時には、日本の投資家はわずか1000人にすぎなかったのに、現在ではその1000倍の100万人がビットコイン取引を行っているというのですから、驚かずにはいられません。

ＪＰモルガンのＣＥＯいわく、「ビットコインは詐欺」

ビットコインの大手取引所のビットフライヤーの利用者数は、２０１７年には前年比で２・５倍に増加、その６割が30代以下ということです。

そしてビットコイン取引の主役は、今や完全に日本人です。２０１７年10月のビットコインの円取引でのシェアは42％と、米ドルでのシェア36％を凌《しの》いでいるのです。

２０１４年、マウントゴックス倒産時にビットコインを購入していれば、価格は２００倍に化けていました。２０１７年の１年間だけでも20倍に大化けです。

なぜビットコインはこれほど上がるのか？　暴落はあるのか？　投資妙味はどこにあるのか？　そして税金はどうなのか？

これほどまでの激しい上げ方をみると、ビットコインの相場がバブル化していることは疑いないでしょう。

ところがビットコインの相場は、バブルと言われるたびに上げてきたことも事実です。

ＪＰモルガンのダイモンＣＥＯ（最高経営責任者）は、「ビットコインは詐欺、17世紀のチューリップバブルより酷い」とこきおろし、「仮にＪＰモルガンのトレーダーが取引を始めたら、即座に解雇する」とまで言いました。

このようなビットコインの相場に否定的なのは、ダイモン氏だけではありません。金融関係者の大半が、同じような見方をしているのです。

世界最大のヘッジファンド、ブリッジウォーターの創始者レイ・ダリオ氏は、「ビットコインは投機的なバブルであり、まともな投資対象としてみていない」と述べています。

またグリーンスパン元FRB（米連邦準備制度理事会）議長は、ビットコインの急騰について、「人間は価値のないものでも買う」「元々無価値なものであっても、人々が転売可能と信じれば、新たに価値を持ち、交換が始まる」とコメントしており、いわば「ねずみ講のようなもの」とでも言いたげです。

「ビットコインの上昇は始まりにすぎない」

2017年12月13日、連邦公開市場委員会後の記者会見では、イエレンFRB議長にビットコインに対しての質問が相次ぎました。

イエレン議長はビットコインについて「決済システムとしての役割は非常に小さく、安定した価値の保存手段でも法的通貨でもない。非常に投機的な資産だ」としたものの、「ビットコインの価格が下落したら大損をする人は出るかもしれないが、金融システムを損なう本格的なリスクを生みだすとはみていない」と述べています。

この考えは、世界の金融関係者や規制当局、市場関係者も共有しているように思います。豪中央銀行のフィリップ・ロウ総裁は、「ビットコインを決済手段として使っているのは、一般人というより、闇取引や不法取引にかかわる人々だ」と言っていますが、その指摘は一部当たっていると思います。

また、ノーベル経済学賞を取り、日本にも再三来日しているスティグリッツ・コロンビア大学教授は、「ビットコインは非合法にすべきだ」と提言しています。

韓国では、未成年者のビットコイン取引を禁止しました。将来何かをきっかけにして、大規模な規制強化の動きが出てくる可能性もあるでしょう。

一方で、ビットコイン相場のさらなる上昇を確信している投資家が多いのも事実です。ビットコインの最大保有者の一人とみられているキャメロン・ウィンクルボス氏は、今回の価格上昇は始まりにすぎない、と言っており、今後も自ら大量に保有しているビットコインを「確実に持ち続ける」と豪語しています。

なぜなら、ビットコインは今後、金《きん》に代わるものとして、10倍から20倍近く値上がりが見込めるというのです。

現在、金《きん》相場の時価総額は約6兆ドルですから、ビットコインも最終的にはそれくらいになると予想しています。

ビットコインが、現在のドルやユーロや円のような法定通貨に代わる本格的な投資対象になるならば、金《きん》を比較対象にするべきという考え方です。

宇宙人からみたら、金《きん》はただの金属にすぎないでしょう。人々が価値があると思うから、金《きん》に高い値段がついているのです。

ビットコインは金《きん》より運びやすく、移動も簡単で、分割も容易です。ですから十分、金《きん》の代替になる存在なわけです。

となれば、金《きん》の時価総額約6兆ドルに対して、現在のビットコインの時価総額は約3000億ドルと20分の1ですから、今後ビットコインの価格が金《きん》並みの20倍に化けてもおかしくないということなのです。

ビットコインをはじめ、仮想通貨が金《きん》に代わるものという位置づけであれば、理屈は通っているかもしれません。

かように百家争鳴の議論は続きますが、ビットコインの価格も同様に、乱高下しているのです。

ビットコインは決済通貨になり得ない

ビットコインが人気化した背景として、デジタル通貨への期待感があることは間違いないでしょう。

現金を持ち歩くのは重く危険ですし、かさばります。クレジットカードは便利ですが、手数料を4％近く取られるので、加盟店の負担が大きいわけです。

仮想通貨での決済であれば、手数料が格段に安く、使用者や加盟店にとっても便利です。時代はグローバル化していますし、国際的な決済や送金も、仮想通貨を使えば簡単に安くできます。

外国ではエアビーアンドビーやウーバーなどグローバル企業のサービスを利用する可能性も高く、それらを仮想通貨で決済できれば、円を現地通貨に替える必要もなく便利です。

将来的には、現在の現金使用の決済システムが廃れ、仮想通貨など便利な決済システムが多用されるようになることは疑いないでしょう。

とはいえ、現在のビットコインをはじめとする仮想通貨の実態は、一般的に求められている決済機能の形とは、まったく異なったものになっています。

なぜなら値動きが激しすぎるからです。

完全に、儲かるから購入する、という投機対象になっています。投機であればバブル化しても、いずれ暴落の憂き目にあうのは当然でしょう。

2017年12月15日、ゴールドマン・サックスは、ビットコインの先物取引の清算業務を引き受ける条件として、一部の顧客に取引の100%の預託金を求めました。

つまり「取引と同額の担保を入れろ!」ということで、これでは先物取引など成り立ちません。要するにゴールドマン・サックスは、ビットコインがある日突然、無価値になる可能性を考えているわけです。そのようなことが起こらないとも限りません。

しかしながら現実に日本人、しかも30歳に満たない若い人たちがこの相場を牽引《けんいん》し、しかもビットコインの時価総額が30兆円を超えるような実態となっている現在、この相場のからくりをもう少し詳細に分析する必要があると思います。

なぜ短期間でこれほど上昇したのか

そもそもなぜ、これほどまでに上昇したのか？　ということですが、これはビットコインの持つ特性に深く関係しています。

物の値段は、基本的に需要と供給の関係で決まります。現在の日米欧の通貨当局である日銀、FRB、ECB（欧州中央銀行）は、リーマン・ショックの後、膨大な資金供給を行いました。

日本では、それらの大半が日銀の当座預金に眠っていて、現在もさらに増え続けています。

一方でビットコインは、発行量の上限が2100万枚と決められています。そして、その2100万枚が2141年までに発行され尽くすことも決まっています。

2017年の1月時点で1600万枚以上が発行されていますから、これから先の発行量は、120年かけても500万枚と、現在から3割程度しか増えないのです。

かようにビットコインは、無尽蔵に発行されることが不可能なのです。

そして前述のように、供給量は変わらないのに、需要が爆発的に増えたわけですから、価格が暴騰しないわけがありません。

マウントゴックスが倒産したときが、ビットコインが最も不評を買ったときだと思いますが、そのときの100ドル台が相場の底です。まさに取引所が倒産したという「絶望」の状態から、ビットコインの大相場がスタートしたのです。

その後、ビットコインは主に中国で取引されていました。

先日アフリカのジンバブエで政変が起こったときに、ビットコインが急騰したのですが、ジンバブエのような政情不安の国で、自国の通貨が信用できないのであれば、ネットで自由に購入できるビットコインのような仮想通貨は、通貨の代替として人気が出るのも当然です。

また2015年はインドで突如、紙幣の流通が禁止され、紙幣が一瞬にして価値のないものになりました。このようなときにビットコインを保有していれば、自らの財産を守ることが可能なはずです。

世界にはいわゆるブラックマネーと呼ばれる、表に出すことのできない膨大な資金が眠っています。これらをマネーロンダリングする手段としても、ビットコインはますます利用されるでしょう。

このように考えると、世界的に通用するビットコイン人気に火がつくのもわかります。

しかし、その人気ゆえに各国の中央銀行などの通貨当局や政府に嫌われ、規制され、政治的な圧力で、その価値を強制的に失わされる可能性もあるわけです。

ビットコイン相場の陰の操縦者

ビットコインは、中国で最初に人気に火がつきました。中国経済の実態を知る人の大半は、資産を海外に逃がしたいと思っているわけですが、実行するのは難しく、海外送金などの合法的な手段は限られていたからです。

2017年1月の時点では、中国におけるビットコインの取引シェアはなんと93%でした。ところが中国政府は、国民の資産がビットコインに流れることを警戒、徹底的に規制を強化しました。

そして1月中旬、中国政府はビットコイン取引で、投下した金額以上に売り買いできるレバレッジを禁止。しかし、その後も取引が拡大したため、9月には中国におけるビットコインの取引所を閉鎖したわけです。

本来であれば、ここでビットコインは大暴落したでしょう。

ところが予想に反して、その後もビットコインは上昇を続け、その買い手の多くは、なんと日本の若い個人投資家だったというのです。

ビットコインは中国での人気を経て、今度は日本に舞台を移し、若い投資家を巻き込んで大相場に発展していきました。これはビットコインの中国と日本での取引シェアの推移をみれば明らかです。

2017年のビットコインの取引シェアをみると、

1月1日：中国　93・0％、日本　5・0％
9月1日：中国　13・2％、日本　46・3％
11月1日：中国　0％、日本　61・8％

（出典　CryptoCompare.com）

かように中国の投資家から日本の投資家へのバトンタッチが巧みに行われ、相場が高騰していることがわかります。

ここで、ビットコイン相場の「裏側」を知っておく必要があります。日本の若い投資家が大挙してビットコインに参入したといっても、巧みな相場操縦なしに、これほどまでに急激に上昇することはないでしょう。

どこが相場操縦をしているのか？　それはズバリ、中国だと思われます。ないし、マウントゴックスが倒産した当時からビットコインを手掛けていた大スポンサーたちがカギを握っているはずです。

ブルームバーグによると、ビットコインの総発行量の約4割が、大口投資者約1000人によって保有されているということです。

彼らはビットコインが見向きもされなかった初期の頃からかかわっていたため、互いに知り合いも多く、相場の上げ下げで結託している可能性があるというのです。

株式市場では株価操作は厳禁で、仮に行えば厳しい制裁を受け、収監されます。ところがビットコインには、そのような法律体系は整っていません。いわば大口投資家たちが結託してビットコインの相場を操作していたとしても、罪に問われることはないのです。

何度も繰り返しますが、ビットコインの供給量は限られています。

しかも初期の頃から携わってきた連中が、ビットコインの持つ性質や内容、またブロックチェーンなどビットコインを支えるべき重要な技術を熟知しています。

ビットコインは一定期間ごとに、その取引のすべてを台帳に残し、整合性を保たせます。整合性を取るのは気の遠くなるような作業ですから、当然、膨大なコンピューターによる計算が必要になります。

それを行うのがマイニング（採掘）業者と呼ばれる人たちで、いわばビットコインはマイニング業者の絶え間ない計算処理の下に成り立っているわけです。

したがって彼らは、ビットコインの取引内容のほとんどを知る存在でもありながら、整合性を取る作業の報酬として、ビットコインを得ることができます。ビットコインの新たな供給は、マイニング業者だけになされるのです。


有力なマイニング業者、並びにビットコイン草創期からの大口保有者らが結託し、市場に流通するビットコインの量を調整すれば、価格を操作することは可能なはずです。

現在、彼らが協力して極端に売りを引っ込めることで供給量を激減させ、価格の法外な高騰を実現しているのだと思います。

一見すると、日本の投資家の買いで急騰しているので、彼らが大儲けしているようですが、2017年1月の段階では中国のシェアが93％であって、その後、売り抜けた形跡もありません。

日本人は、都合よく暴騰のための演出に使われているだけで、膨大な含み益を有しているのは中国勢だと私は考えています。

表面上は、中国では取引不能となって、ビットコインを保有している投資家は困っているようにみえます。しかし、そもそも中国の投資家は自国から資金を逃避させたくてビットコインを購入した可能性が高いわけです。投機で値上がりを求める日本人の投資家とは、根本的な投資動機が違います。

中国の投資家は共産党当局に阻止され、中国での取引はできなくなりましたが、ビットコインを売っていなければ保有しているはずです。そして、それはブロックチェーンで台帳に残っているわけです。

彼らは中国国内で売り買いはできなくなりましたが、大量保有者で相場の傍観者になっているはずです。日本で取引が活発になってから暴騰状態になったことに驚きつつも喜んでいないわけがありません。

中国勢にとって日本の市場は操縦パラダイス

中国で起こったことを自分のこととして考えればわかりますが、取引していたものが、いきなり取引所を閉鎖されたら、どうしますか？

売ることもできなければ、持っているしかないではないですか！　ビットコインに投資する人たちは、中国国内だけにいるのではありません。世界中に存在しているのです。中国の投資家でも、国外に出れば、ビットコインを自由に売り買いできるはずです。

２０１７年年初に取引の大半が中国で行われていたわけで、それが中国からの資金逃避のために使われていたのであれば、彼らには中国国内でビットコインを売る必然性がありません。

そもそも資金を中国から逃がそうと考える連中ですから、ビットコイン保有者は中国の有力な資産家に違いなく、カネも権力もネットワークも持っていると考えるべきです。日本でビットコインを購入している若年投資家と、中国のそれとは、質も実力もまったく異なるのです！

彼らにとって、ビットコインに対する日本人投資家のフィーバーぶりは理想的なはずです。日本人が次から次へと買い上げ、高値に導いてくれるのです。仮にあなたが保有している株なりビットコインなりが外国市場で急騰に次ぐ急騰になれば、笑いが止まらないでしょう。

ビットコインの大相場を自然な動きと捉えるべきではありません。日本の投資家は中国勢に踊らされている可能性が高いと冷静に考えなくてはなりません。そして、ビットコイン相場では、短期で儲かることも損することもあり得ると考えておくべきです。

とにかく相場というものは、大量に保有している者が形勢に大きな影響を与えるのです。
そして、かような大相場であればあるほど、相場の世界には裏があるのです。
ビットコインの相場は、不正も情報操作も価格操作も談合も何でもありであることを忘れてはなりません。

そもそも日本でマウントゴックスが営業し、そして倒産したのも、また今回ビットコインの相場が日本で暴騰しているのも、偶然ではないでしょう。

ヘッジファンドによるコンピューター取引を使った株価操作と同様、日本の規制当局の力が弱いため、中国勢にとってはビットコインの相場操縦が非常にやりやすいのです。

日本の当局はなめられていて、いわばビットコインの暴騰を演出している輩《やから》にとっては、パラダイスのようなところなのかもしれません。

キーマンとなるウ・ジハンとは何者か

ビットコインの相場は曲がり角にきています。

ただ、ビットコインを産出できるマイニング業者、それも世界最大のマイニング業者であるウ・ジハン氏は注目すべき人物です。

ウ・ジハン氏は、ビットコインを採掘するチップを開発するマイニング企業、ビットメイン社の共同設立者です。

ビットメイン社はアムステルダム、香港、青島《チンタオ》、テルアビブにも事務所を持っています。そして電気料金が安い内モンゴル自治区のオルドスに、マイニングの工場を設置しました。

オルドスというとゴーストタウンとして有名で、誰もいないマンション群が延々と連なっています。オルドスの見事な4車線の道路には車一台走っていません。

ビットメイン社は2015年にオルドス炭鉱を買収、安価で手に入れた石炭を利用して、石炭火力発電所から電力を供給し、それまで使い道のなかった廃墟《はいきょ》のような幽霊工場を再利用し、24時間体制で2万5000台のマシーンを動かし続けています。

中国政府は、ビットコインのような若干怪しいけれども、一攫千金《いっかくせんきん》が狙えるプロジェクトをうまく利用すべく企《たくら》んでいるようです。不良債権にまみれたオルドスにマイニングというビットコインの中枢を握るビットメイン社の工場を誘致したのも、その表れです。

こうしてビットコインという虚構の相場から生まれる天文学的な利益を利用し、オルドスみたいな救いようのない不良債権の山を処理しようとする腹づもりなのでしょう。

ウ・ジハン氏は、ビットコインの採掘では世界一のアントプール社の社長でもあります。ドルやユーロ、円など法定通貨は、ＦＲＢやＥＣＢ、日銀などの中央銀行が管理します。ところがビットコインのような仮想通貨は、中央銀行のような統括する管理者がいません。管理者が存在しないことが、公平性を保つ仕組みになっているというわけです。

しかし、そのような綺麗《きれい》ごとをそのまま信じるわけにはいきません。実際に、ビットコインのほとんどの概要を知るのは、マイニング業者だけでしょう。

当然、その能力は卓越していなければならず、マイニングの優れた業者が、仮想通貨の世界においては、中央銀行のような実質的な支配者になっている可能性が高いわけです。

いわば、ビットコインの取引の全容はマイニング業者にすべて把握され、そういう意味では、投資家は彼らの手の上で踊らされているだけなのです。

そしてどんな企業であれ、中国の企業は、中国共産党の管理下に置かれているわけです。マイニング工場が、格安で電気が得られるオルドスに設置されていることをみれば、明らかです。

こう考えると、現在のビットコインの相場は、実はビットメイン社という民間企業の仮面をかぶった中国政府の管理下にある可能性が否定できません。

ビットコインの時価総額が34兆円に達したということは、投資家は億円単位などでなく、兆円単位の利益が上がっているわけです。そのような利益を日本の投資家たちが得ているとも思えません。

日本でビットコインの取引を通じて「億り人」が続出していることは事実としても、兆円単位の膨大な利益は、中国をはじめとする海外勢が得ていると思うのです。

かようにマイニング業者は、ビットコインの世界で中枢を握る極めて重要な存在になっているのです。

もう少し詳くマイニング業者をみてみましょう。マイニング業者の世界のトップ5をみると、1位はウ・ジハン氏率いるアントプール社で、2017年11月14日現在、世界のシェアの17・7%を握っています。

アントプール社はビットコインだけでなく、ライトコイン、イーサリアムという仮想通貨も採掘しています。そして2位はスラッシュプール社で、ビットコインとジーキャッシュという仮想通貨を採掘しています。そして3位はBTC.com社であり、ここのトップはアントプール社と同じく、ウ・ジハン氏で、世界シェアの12・8％を握っています。となると、ウ・ジハン氏はアントプール社の17・7％のシェアと、BTC.com社の12・8％のシェアを合わせ、世界シェアの30・5％を握っていることになります。

このシェアは2016年時より拡大しており、実質、彼が仮想通貨の世界の表も裏も知り尽くし、自在に相場を動かすことができる存在だとみるべきでしょう。

おすすめはビットコインキャッシュ？

仮想通貨の世界では、表向きは誰でもマイニングに参加できる仕組みとなっています。しかし、莫大な電気料金がかかるマイニング事業を日本で行えるはずもありません。

さらにマイニングには卓越した計算能力を持つコンピューターも必要となるわけで、参入は容易ではありません。

結局、マイニングの世界は、究極的には寡占化されていくわけです。

法定通貨の世界では、ドルを有するFRBが圧倒的な力を持ち、ECB、日銀なども自国の通貨圏では大きな力を有しています。

そしてビットコインなど仮想通貨の世界では、ウ・ジハン氏が、FRBやECBや日銀を合わせたような力を持つようになっても不思議ではないでしょう。まさに寡占の頂点に立つのがウ・ジハン氏であり、そのバックに潜む中国政府の存在も意識するべきだと思います。

そのウ・ジハン氏が、「ビットコインキャッシュが本当のビットコインだ」と主張していることは注目です。

ビットコインキャッシュは、2017年8月にビットコインから分裂して生まれました。

ビットコインキャッシュのブロックチェーンの容量は、ビットコインの4倍もありますから、これまでビットコインが繰り返してきた分裂などの心配は当面ありません。

ビットコインが人気化した原因の一つとして、分裂を繰り返し、それによって投資家が分裂した片方のコインも得られたという点があげられます。

株で言えば額面増資のようなもので、自然に株が増えるイメージです。

しかし本来、株の増資や分割などは、その株式の絶対的価値が向上するものではありません。たとえば株式が2分割されると、株価は理論上、半分になるわけです。

現在のビットコインの保有者においては、分裂によって、ビットコインとビットコインキャッシュの両方を持つことができ、結果として、その両方の価格が上昇する、ということが起きました。つまり分裂が大きなメリットになり、人気が集中したのです。

しかし繰り返しますが、分裂や株価の増資、分割は、そのものの価値を上げるわけではありません。そう考えると、今後も分裂を繰り返すことが予想されるビットコインより、ブロックチェーンの容量が膨大に余っているビットコインキャッシュの方が、相場の見通しも明るいと思います。

したがって、ウ・ジハン氏の言う「ビットコインキャッシュ」の優位性の主張は、的を射ていると言えます。

仮想通貨については、あまりにボラティリティ（変動率）が大きいので、投資をすすめることはできませんが、仮に割り切って投資をするのであれば、ウ・ジハン氏の言うように、ビットコインキャッシュがいいでしょう。

仮想通貨の世界は、マイニングを握る中国勢の思惑通りに動くことになるので、投資をする人は、常に中国の動向を追うことが重要だと思います。

銀行が仮想通貨を発行する日

日本でビットコインが人気化している要因として、決済にビットコインを使えるところが増えているという点があります。

ビットコインは特に若い人に人気がありますから、彼らを取り込む意味もあり、ビットコインを決済に使う企業も増えているわけです。

ビックカメラでは30万円相当までビットコイン決済が可能ですし、日本では旅館やお土産店、ラーメン店などの食堂、飲み屋、動物病院、薬局など、まだ少ないとはいえ、ビットコインが決済に使える店や施設は存在しています。

ビットコインの取引を手掛けるＧＭＯは、２０１７年12月12日に「２０１８年3月から社員が申請すれば、給与の一部をビットコインで受け取れるようにする」と発表しました。

同グループは従業員４０００人を有する大企業ですが、希望すれば給与の一部、１万円から10万円までの範囲でビットコインによって支給するということです。同グループがビットコインの取引、並びに流通の拡大を目指していることもあるのでしょうが、今回の決定は社員に仮想通貨にふれてもらうのが狙いということです。

先に書いたように、いずれはデジタル通貨の時代が訪れるでしょうが、現在は雑多でさまざまな試行錯誤が行われている過渡期です。

ビットコインなどの仮想通貨の一つの大きな過渡期は、日本では、みずほフィナンシャルグループや三菱ＵＦＪフィナンシャル・グループなどのメガバンクが、本格的に仮想通貨に進出したときに訪れるでしょう。

これらのメガバンクが仮想通貨を発行したら、その信用力から、一気に日本中に広がると思われます。そうなると決済機能が実質的には確立されていない現在の仮想通貨は、あっという間に魅力がなくなり、暴落するでしょう。

しかし、銀行が発行する仮想通貨が必ずしも覇権を握るとは限りません。

究極的には、日銀などの中央銀行が仮想通貨を発行した場合は、銀行の存在意義もなくなってしまう可能性があります。イングランド銀行のカーニー総裁は２０１６年６月、「中央銀行が仮想通貨を発行すれば、人々は盗難の恐れのない究極のリスクフリー通貨を手にすることが可能となる。そうなれば現在の銀行はまったく違った姿となるだろう」と述べています。

今後、仮想通貨がさらに発展し、使い勝手がよくなれば、現在世界で通用しているドルやユーロ、円などの法定通貨を駆逐する可能性は否定できません。

そうなる前に、中央銀行が自ら仮想通貨をつくりだす可能性も十分あるわけです。

英国の中央銀行であるイングランド銀行では、実際に、仮想通貨の研究をしています。中央銀行の発行する仮想通貨が普及すれば、決済の迅速化や防犯コストの著しい低下が見込め、その結果、経済成長が高まることは必至というわけです。

とはいえ近い将来、どの仮想通貨が覇権を握るのか、また日銀やイングランド銀行、はてはFRBが仮想通貨を発行するに至るのか、現時点では何とも言えないところです。

ビットコインで税収は増えるのか

次に、ビットコインなど仮想通貨取引の税金について考えてみます。税務当局は、仮想通貨取引については雑所得とする方針です。

雑所得となると、給与などと合わせた所得額に応じて、5〜45%の税率となります。ビットコインの時価総額が34兆円まで膨らみ、その取引の4割までが日本人によるものというわけですから、普通に考えれば「億り人」は日本中で山のように出ているはずで、累進税率45％を適用される人が続出するはずです。

現在の時価総額のすべてが利益というわけにはいかないでしょうが、2017年だけでビットコインの価格が20倍近くになって、その取引の4割に日本人が関与していたとすれば、おおざっぱに利益を計算して、34兆円×0・4＝13・6兆円となり、利益は13・6兆円。多くは最高税率の45％適用でしょうが、さまざまな投資家がいますので、税額を低く見積もって半分の22・5％の適用とすると、税額は、13・6兆円×0・225＝3・06兆円となります。

なんと3兆円を超える税収！

税収不足で悩む日本の税務当局にとっては、涙の出るような嬉しい出来事です。このような好機を、税務当局が見逃すはずもありません。

普通のサラリーマンや主婦であっても、ビットコインの取引で利益を出した人は、税務当局の目に留まると覚悟した方がいいでしょう。

しかしながら現実には、日本人がかような利益を独占しているとは思えません。

先に書いたように今回のビットコインの相場は巧みに操縦され、値段だけが異常に上がったものであって、その膨大な利益は中国勢をはじめとして、マイニング業者など一部の大口投資家に握られているはずだからです。

取引の主体が日本人で、うち6割が30歳以下で、その利益が今計算したように13・6兆円を超えているのであれば、ビットコイン長者が不動産などを次々と購入するケースが続出してもいいわけです。

今のところ、そのような話は出ていません。今後のビットコインの相場の推移を含め、いったい日本の投資家はどのくらいの利益を有しているのか、やがて概要がみえてくるでしょう。

2017年12月15日、IDOMは、輸入中古車販売を行っている「リベラーラ」で、20日から仮想通貨での支払いを受け付けると発表しました。なんと1億円まで決済可能ということです。

IDOMは中古車販売の大手「ガリバー」の子会社です。かようにさまざまな企業がビットコインによって得られている膨大な利益を、自社の販売に絡めようとしています。これだけの高額決済をビットコインで認めるのは異例です。

今後、ビットコイン長者が大挙して輸入車などの高級車を購入するようになるのか、注目です。

ビットコイン相場は終了へ

２０１７年12月22日、ビットコインは突如、急落しました。１ビットコイン、１万１００0ドルを割り込んだのです。12月17日につけた最高値は、１ビットコイン、１万９７８３ドルでしたから、一気に４割を超える暴落状態となりました。

この後、値段は急激に戻ったものの、これでビットコインの大相場は終了したものと思います。今後ビットコインが12月17日の高値を抜くことは難しいでしょう。

当面、ビットコインをはじめとする仮想通貨の相場がすべて終了するとは思えませんが、仮想通貨相場のリード役だったビットコインが大きく急落したことによって、仮想通貨への投資熱は急速に落ちていくでしょう。

急落のきっかけとなる事件も起きました。韓国の取引所でビットコインが盗まれたというのです。真偽のほどは不明ですが、北朝鮮の仕業と噂《うわさ》されています。

韓国の取引所は、この事件で閉鎖に追い込まれました。

そして、その直後、ウクライナの市場でビットコインが異様に売られました。この「ウクライナ市場」というのもミソです。ウクライナは、ロシアとの激しい紛争を繰り返しており、国内は混乱、実質的に財政破綻をしている状態です。

2017年の夏、NYタイムズ紙をはじめ米国各紙は、北朝鮮のICBMのエンジンはウクライナの工場で製造され、闇市場を通じて調達された可能性があると報道しました。

核開発に至る取引まで許容されてしまう状況では、金融取引における仮名取引の遂行などたやすいことでしょう。このようにウクライナでは投資家に対する法整備や個人の特定など投資環境が整っていない可能性が高いわけです。ですから名義を伏せたい大口投資家が、ウクライナルートでビットコインを大量に売却したのでしょう。

いずれにしても、12月のビットコイン先物市場のオープンに向け、その流動性が高まることと、ビットコインの取引が国際的にも認知されるという観測で、人気が加速しました。

一方で、ビットコインの先物市場が開かれれば、売りから入る、いわゆる「空売り」が可能となります。したがって、先物の導入でビットコイン相場は大きく崩れるという予想も出ていました。

そして先物取引が可能になった12月に、ビットコインは急落したのです。

江戸時代、日本は地域ごとに藩がつくられました、現在の都道府県の前身は、藩だったわけです。その各藩では藩札が発行され、その地域の経済圏が藩札の流通によって形成されていました。そして藩札は、他の藩にまで流通を広げることはできず、その使用は各藩の領内に限定されていました。しかし、藩内では、藩札は重要な決済手段で、主要な通貨だったわけです。

この藩札と同様、ビットコインのような仮想通貨は、ある一定のグループや地域において独自の経済圏をつくり上げ、流通しているわけです。その経済圏が大きくなればなるほど、仮想通貨の使用範囲も広がっていくという構図です。

現在は世界中がネットでつながれていますので、それを利用して独自の経済圏をつくり上げ、拡大させていけば、ビットコインのような仮想通貨も利用価値が高まるというわけです。仮想通貨は仕組みがよくできているので流通しやすく、一定の経済圏であれば、経済活動が成り立つように思えます。こうなると個々の経済圏が次々と生まれて、それに付随する仮想通貨が続々と生まれてもおかしくないわけです。

若い人は生まれたときからネットに慣れ親しんでいますから、よりなじみやすいでしょう。円やドル、ユーロなど中央銀行が発行する通貨だけが絶対的な価値を持っていると信じているのは、古い人間だけになるのかもしれません。

かように仮想通貨の発展や広がりは必至と思えますが、ビットコインの価格は、今後も下がり続けると思います。ビットコインはあまりにも短期間で人気化しすぎました。1年で20倍になる通貨など、真っ当な経済圏に存在するはずがありません。

またビットコインへの投資は、株式投資などに比べて、多くの知識を必要としません。

要するにビットコイン投資は、手っ取り早くお金を増やすには好都合だったわけですが、そのようなうまい話が世の中で長く続くことはありません。

バルト3国の小国、エストニアが興味深い試みを行っています。エストニアは人口わずか130万人の小国で、日本の100分の1近い人口しか有していません。

エストニアはネット先進国で、スカイプが誕生した国としても知られ、ネットを使った電子投票も実施しています。そのエストニアが「デジタル移民」を募っています。

移民反発への気運が高まっている欧州において、物理的な移住者を募るのでなく、電子移住者を増やそうというのです。そして、電子移住者になれば、エストニアは自国民に準ずる行政サービスを行うのだそうです。

やり方は簡単で、ネットで申請し、名前や住所を入力して、パスポートの写しをアップロードすれば、わずか1万3700円の手数料で、エストニアの準国民の資格が得られるというわけです。

準国民になれば、銀行口座も会社も開けます。エストニアはEU加盟国ですから、誰でもEU内でビジネスができるようになるというわけです。

そしてエストニアは、仮想通貨「エストニアコイン」を発行しようとしています。「エストニアコイン」を使って有望なベンチャー企業に資金調達をしてもらい、世界から資金を集めようという試みです。

エストニアはネット空間で先進的な試みを行い、ネット経済圏をリードして、国として劇的な発展を目指そうということでしょう。

このような新しい経済圏の構築や仮想通貨の発行は、新しい潮流となっていくはずです。それに伴って仮想通貨が出ては消え、暴騰しては暴落するというプロセスが今後も続くでしょう。

どこが覇権を握り、どの仮想通貨が大きな発展を遂げるかはわかりません。

ただ通貨としてあまりに短期間で人気化しすぎたビットコインは、仮想通貨発展段階における壮大なバブル相場として、歴史に残るでしょう。

第二章

賃金はなぜ上がらないのか

ＩＴ、ＡＩの普及で人手はいらなくなる？

「グローバリゼーションとテクノロジーの進展が賃金上昇を抑制しており、それがインフレに下降圧力を加えている」

国際決済銀行（ＢＩＳ）の年次報告書は、賃金の上昇率が下がり、インフレ率が上がらないことが世界的な傾向になってきたと指摘しています。

「賃金が上がらない、インフレ率が上がらない」という問題は、すでに日本だけのものではありません。これは世界的な傾向で、現在、世界の主要経済調査機関や中央銀行を通じて、さまざまな議論が展開されています。

なぜ、賃金の上昇率がこれほど低いのでしょうか？

また、それがどうして世界的な傾向となってきたのでしょうか？　日本はこのまま低賃金、低成長が続くのでしょうか。

中央銀行は、どこの国でも失業率を気にします。本来、失業率が下がれば当然、人手不足から賃金の上昇が起こってくるわけで、それが労働者の収入の増加、そして物価の上昇と、好循環につながっていくからです。

「失業率の低下」は明らかに世界中で起こっているのですが、「賃金が上がらないこと」については、BISの主張するようにグローバル化、テクノロジーの進展のみならず、さまざまな構造的要因があると思われます。

まず、IT（情報技術）やAIなど、テクノロジーの著しい発展があります。ITやAIを使うことによって、中間所得層の労働がインターネットやロボットに代替されているのです。この結果、中間所得層が従来の職を失い、低所得に落ちていく傾向がみられます。

こうして労働者の「少数の高所得者と多数の低所得者への二極化」が起きているのですが、相対的に低所得に落ちてしまう層の方が多いために、統計では賃金が低下していることになるのです。

ITを駆使したアマゾンやフェイスブックなどの世界を牛耳るIT企業が、株価の上昇率や時価総額において他の業種を圧倒、産業界に革命的な変化をもたらしています。

米国では老舗企業がアマゾンの販売力に押され、苦境に陥っています。米国ではショッピングモールの閉鎖が相次ぎ、2017年の閉鎖数は全米で8000店と、記録的なものになっています。

クレディ・スイスでは、「今後5年で、米国では最大4分の1のモールが消える」と予想しています。まさにネット企業がリアル企業をのみ込んでいるわけです。

ちなみに、小売業の大手であるウォルマートは230万人を雇用していますが、米国のIT企業5社（アップル、グーグル、フェイスブック、アマゾン、マイクロソフト）の雇用者数は、5社合わせても世界中で66万人にすぎません。

またIT化の波は、金融業界も襲っています。

スマホによる資金決済が拡大することによって、中国の銀行業務においては多くの行員が不要になっています。

2016年、中国の4大銀行では、社員数を約2万人削減しています。金融業界においても、人員削減の波は今後も止まらないでしょう。

米シティバンクのレポートによれば、銀行業界の正社員数は2025年までに米国で40%、欧州で45%減少すると言われています。

日本も例外ではありません。まさにスマホ決済や、テクノロジーと金融の融合「フィンテック（Financial Technology）」の波が金融業界を襲ってくるのは、これからです。

かような情勢下では、金融業界でも大きな賃上げは望めないところです。

また、産業構造の変化によって、働き方が世界的に大きく変わってきています。いわゆる自由な働き方、言葉を換えれば「自営業者の拡大」です。

ネットの普及で、ネットによって仕事を請け負う「クラウドワーカー」が爆発的に増えています。「クラウドワーカー」は時間に拘束されることなく、自由に仕事を行えますから、多様化するライフスタイルに合った働き方でもあります。

日本でも「クラウドワーカー」が２０１６年末で３００万人を超えました。米国では５５００万人で、労働人口の35％にものぼるということです。かような働き方ですと、企業側の力が強くなり、労働者が団結して賃金交渉をすることもできません。

こうした働き方は流行りではあるのですが、報酬を引き上げるという意味では、かえってマイナス効果となっています。

これから本格的な人手不足になる

かつては日本でも労働運動が盛んで労働組合やストライキなどが当たり前で、年中行事化したこともありました。バブル期以前ではありますが、現在のＪＲがかつて国鉄と言われていた頃は、労働組合の力が異様に強く、毎年ストを繰り返し、春闘において大きな賃上げを勝ち取っていました。

それがバブル崩壊後、労働者の力が相対的に落ち、また日本も「失われた20年」ということで経済の成長力が弱まり、賃上げ運動どころではなくなりました。

労働者側も低成長の現実を直視し、賃上げよりは雇用の確保に力を入れるようになり、結果的に定期的な賃上げはできなくなりました。

また、日本には人口減少という特殊事情もあります。団塊の世代が65歳以上となっていっせいに退職し、高賃金の労働者が大きく減少しました。日本では生産年齢人口（15歳から64歳）の減少が大きく、若い人の雇用が増えません。高賃金の団塊の世代が退職した関係で、日本全体で支払われた賃金総額は、相対的にみて減少傾向となりました。

これが統計上の賃金低下をもたらしています。

さらに大きな問題として、賃金の「下方硬直性」ならぬ「上方硬直性」が起こっています。

普通、経済学では不況になって賃金が下がっても、ある限度までくると、それ以上は下がらない（下限に達する）、つまり賃金の「下方硬直性」があると言われています。

ところが、それは経済成長が続いているときの理論であって、現在のように低成長が当たり前となった時代には即していないというのです。そして現在は、低成長時代をにらんで賃金の「上方硬直性」の時代が始まっているのです。

この「上方硬直性」とは何かと言うと、まさに「下方硬直性」の逆の現象です。経営者は一度賃上げをすると、よほどのことがない限りは賃金を下げづらいものです。賃金を下げれば、当然労働者のマインドが大きく悪化するからです。

ですから、たとえ自社の業績が振るわなかったとしても、従業員に支払う報酬は、少なくとも「下げずに据え置く」という判断をします。経営者にとって、解雇や賃下げは最後の手段なのです。

ところがこのトラウマが、今度は好況になっても賃金を引き上げることをためらわせる要因となり、「一度上げた賃金は下げられない。だから、たとえ業績がよくても賃金は基本的に上げるべきではない」という思考を生みます。

すると、現在業績が好調な企業でも、安易な賃上げは行えないのです。

ましてや解雇や賃下げを極端に嫌う日本の経営者は、業績がよければ、賃上げでなく、ボーナスで報いるという手法を取っているのです。

かように、賃上げが起こりにくい傾向が、日本や世界において顕著になっています。

このような情勢下、本格的な賃金の上昇は永遠にやってこないのでしょうか？

日本においては遠くない時期に、大きな賃上げが起こっても不思議はないと思われます。というのは、日本は欧州や米国と違って移民を受け入れませんので、かなり深刻な人手不足が生じる可能性が高いからです。


日本の「生産年齢人口」は２００７年から２０１７年の10年間で８４００万人から７６０0万人と、８００万人も減少しました。団塊の世代が65歳以上になったからです。

しかしながら、日本の「労働力人口」をみると、減少していないのです。

これは団塊の世代が65歳を超えても、再雇用などの形で働いているケースが多いからです。

日本の65歳から69歳までの高齢者の労働参加率44％は、Ｇ７のなかで断トツです。

かように日本では、高齢者の労働参加が人手不足を緩和させてきたわけです。


ところが65歳から69歳までの高齢者の労働参加率は、70歳以上になると、13・７％と激減しています。これは70歳以上になると、さすがに働くのにさまざまな支障が生じるためと思われます。

となると、日本ではいよいよ労働人口の絶対数が足りなくなり、本格的な労働者不足に突入していく可能性が高いわけです。

2017年11月、有効求人倍率が1・56と、43年ぶりの高水準となりました。今後、日本が極めて深刻な人手不足状態に陥っていくのは必至なのです。

賃金上昇とインフレがいよいよ始まる！

現在、都心のアルバイトの時給は約1500円と言われていますが、アルバイト、派遣などの時給はここ数年、確実に上昇しています。人が集まらなければ、時給を引き上げて確保するというのは当然だからです。

時給が上がり始めたのはアベノミクスが始まった2012年からですが、2012年にパートや派遣の有効求人倍率は1を超えました。要因はいろいろでしょうが、有効求人倍率が1を超えた瞬間から、時給の継続的な上昇が始まってきたことは象徴的と思われます。

そして2017年11月、日本では正社員の有効求人倍率も1・05と、「1」を超えました。正社員の賃金上昇に弾みがつくのはこれからです。

そういう意味では、いよいよ本格的な賃金上昇とインフレ時代に突入すると言えます。

賃金の上昇がインフレに直結するとは思いませんが、水面下では、賃上げの動きやインフレの芽がくすぶってきていることを認識する必要があります。永遠のデフレはありません。どこかで突如、臨界点がきてもおかしくないのです。

「平成」の時代は2019年4月で終わります。そして2020年には、いよいよ東京でオリンピックが開催されます。

「平成の時代」はまさに「平穏な時代」だったのですが、いよいよ改元とともに激動の時代が幕開けするのです。

政府はアメとムチ政策を実行する

「3%の引き上げという、社会的な期待を意識しながら検討を行う」

経団連が異例の数値付きで、2018年の賃金の引き上げにおける労使交渉の指針案を発表しました。

経団連は賃金の伸び率を3％にするよう、加盟各企業に求めていく方針です。

ここ数年はアベノミクスの成功を目指して、安倍政権から経済界に対して賃上げへの圧力がかかっていました。経済界としても、賃上げは行ってきたものの、先行きが不透明な世界や日本の経済情勢に鑑みて、渋い回答を続けてきました。

ところがここにきて、日本企業は絶好調、株価は高値を更新、企業業績も史上最高を更新しています。日本企業の儲けは積み上がり、内部留保も増えています。

東証に上場している3500社の内部留保は、2017年9月末時点で約260兆円。2016年末から8兆円増え、金融危機前の2007年末からでは約86兆円も増えたのです。日本でナンバー1の企業、トヨタ自動車の内部留保は18兆円と巨額です。

10月に行われた衆議院議員選挙では、日本企業の巨大になった内部留保が話題になり、希望の党からは内部留保に課税しようという提案もなされたほどです。

これほど企業が儲けているなら、それを従業員に還元しろ、との声が広がるのも当然でしょう。それほど日本企業は儲かっているのです。

一方で、賃金の上昇率は、企業の儲けほどではありません。賃金の上昇が物価上昇や各種の税金や社会保険料の引き上げに追いついておらず、「実質収入は減っている」という声をよく聞きます。

安倍政権は「デフレからインフレへ」と、金融政策をはじめ、さまざまな政策を総動員しています。

しかしながら、「賃金上昇→購買力拡大→物価上昇」という、目標としている経済の好循環を成し遂げるには至っていません。

日本は民主主義ですから、政府が企業を意のままに動かすというわけにもいきません。勢い、政府としては企業が賃上げできるような環境づくりを行うしかないわけです。そして現在、政府の努力がやっと実りつつあるように思います。

現実に賃上げが起きると、物価上昇にも連鎖するようになり、いよいよ日本も念願の「デフレ脱却」という目標を達成できるはずです。

本当に「デフレ脱却」になるのか、賃上げを巡る情勢をみてみましょう。

政府は賃上げを成し遂げるために、アメとムチの政策を実行します。賃上げや設備投資に前向きな企業の法人税の実質負担率を、25％程度にまで引き下げる仕組みを導入する予定です。

日本企業は莫大な儲けを出し続けているのですから、十分に賃上げを行う余力があります。

ここにまず減税という「アメ」を与えるわけです。

実質29%台の税率が25%にまで引き下げられるのは企業にとって大変な魅力でしょう。賃上げにより多大な減税の恩恵が受けられるのなら、企業は合理的に考え、賃上げを行うでしょう。

それだけでなく、政府は賃上げを行わない企業に対してペナルティ、要は「ムチ」の政策も用意しています。

政府は今後、一定の条件を満たした企業の税を優遇する租税特別措置を見直し、条件を厳しくして適用できなくする方針です。すると企業側も、政府の方針に従って賃上げを行った方が理にかなうというわけです。

これはある意味、政府が賃上げを強制するような政策ではありますが、当然効果はあるでしょう。

しかしながら現状は、このような強制的な政策を取らなくても、賃上げが起こってきそうな気配なのです。

賃金上昇はヤマト運輸から

先に書いたように、日本は人口減少により深刻な人手不足が年々酷くなる一方です。

２０１７年11月の有効求人倍率は１・５６と、43年ぶりの高水準で、企業は簡単に人を採用することができません。

すでにパートや派遣、アルバイトの世界では、年率２％近い賃上げが起こっています。

正社員の有効求人倍率も１・０５と、２００４年11月の集計開始以来、最高となりました。いよいよ正社員の給与も上がり始める一歩手前でしょう。

２０１７年の暮れには外食業界や運輸業界で人員確保の難しさが話題になっていました。

日本の外食チェーンは１９７０年代から一貫して営業時間を延長してきました。そして年中無休や24時間営業が一般的なサービスとして定着し、「いつでも営業している」という安心感が顧客を増やしました。外食チェーンにとっても、営業時間を増やせば設備投資をすることなく売り上げが増えるというメリットもあったのです。

ところが、多くの外食産業が24時間営業から撤退していきました。夜間に働く人が確保できないからです。

そして最近では、ついに24時間営業どころか、年中無休のビジネスモデルを転換する動きが広がっています。まさに人手不足の影響です。

ロイヤルホストは24時間営業をやめ、平均営業時間を短縮する予定です。すかいらーくも同じく24時間営業をやめ、大半の店舗で午前2時閉店とします。日本マクドナルドは過去5年間で24時間営業の店を半分以下に減らしました。居酒屋チェーン「天狗」は12月31日を全店舗で休業するとのことですが、同社が休業日を設けるのは初めてのことで、今後1月1日も休業にしていく計画のようです。


2017年に最も話題となったのは、ヤマト運輸です。異常な残業は、社会問題にまでなりました。

そしてヤマト運輸は「働き方改革」ということで、膨大な残業代を支払うとともに、給与の引き上げを行いました。そして年末年始に向けて配送が爆発的に増えるのを見越して、時給を大幅に引き上げ、人材の確保に動いたわけです。

ヤマト運輸の提示した時給は、一部の地域で2000円です。これは2016年より500円（33・3％）も高いのです。3％どころの賃上げではありません。その10倍強です。

短期雇用とはいえ、人を確保するために3割以上も時給を引き上げることを決めたのです。またヤマト運輸は1万人の雇用確保を、すでに発表しています。

この人手不足のご時世に1万人もの求人を行い、しかも一部の地域とはいえ、昨年比3割強の時給引き上げを行われては、他の競合各社はたまらないでしょう。

外食業界が悲鳴を上げ、年末のかきいれどきを休みにしてしまったのも、人手が確保しづらいという現状を考えれば、納得がいきます。

これこそ、まさに経済の原則であって、人手不足が自然に賃金上昇を加速させたということです。

現在はまだ運輸業界や外食業界など一部だけですが、今後コンビニ業界など、さまざまな業種に波及していくことは必至でしょう。

日銀の黒田総裁は、運輸業界で起きた流れにふれて、「賃金コスト上昇を起点とする価格上昇圧力が、相当高まってきている」と述べましたが、現実にそのような流れが起こっています。

2017年11月の消費者物価は前年同月比0・9%の上昇ですが、これに先立って発表された10月中旬の消費者物価の総合指数（コア指数）は0・6%増です（東京都区部、生鮮食品を除く）。

ヤマト運輸が10月に個人向け配送料を前年比で8%引き上げたことが、指数の上昇を引き起こしたのです。

かように「賃金を上げて、サービス価格や製品価格を上げていく」という流れは、やがてもっと多くの産業を巻き込んで、全国的に強まっていくはずです。

日本のサービス業の生産性は低すぎる

そもそもヤマト運輸の例は特別なケースでもなく、起こるべくして起こった事例です。今までの賃金が安すぎたわけで、今回の賃上げは、日本の賃金体系が普通の状態に戻るプロセスにすぎません。

では、なぜ日本では、今までヤマト運輸などの宅配便の給与が安かったのでしょうか？

２０１７年のニュースで明らかになったように、今までの日本には、「重労働に見合った給与が支払われていない」という根本的な問題がありました。

しかし、もはや、そのようなことが許されなくなったのです。

日本のサービス業の生産性は極めて低く、なんと米国の半分にすぎません。

世界の統計をみると、日本の労働生産性は極めて低く、Ｇ７のなかでは最下位です。ＯＥ

CD（経済協力開発機構）加盟35ヵ国のなかでは、日本の労働生産性は20位になっています。日本は製造業の生産性が高い――だから輸出できるわけですが――半面、飲食や宿泊、小売りなど、サービス業の労働生産性は非常に低いのです。

日本では製造業が注目されがちですが、GDPのシェアでみれば、サービス業が実に7割を占めています。だからこそ、サービス業の生産性を改善することが大きな課題なのです。

ところが最近、日本のサービス業は「おもてなし」精神の下、あまりに過剰なサービスが安売りされているという指摘が出てきました。

公益財団法人日本生産性本部は、日米のサービス品質を比較した調査を行いました。米国滞在経験のある日本人や、日本滞在経験のある米国人への聞き取り調査です。

その結果は、日本のサービスの品質は、日本人と米国人を対象とした28分野のほとんどで、米国のそれを上回るというものでした。

米国や欧州、その他の地域に旅行した人ならわかるでしょうが、外国の小売店をはじめ、レストラン、ホテルなどどこに行っても、日本ほどサービスが行き届いている国はありません。

にもかかわらず、なぜか値段は日本より外国の方が高いのです。「おもてなし」の精神がない外国の小売店の店員が、どうして日本の店員より生産性が高いのでしょうか？

日本生産性本部によれば、米国を１００とした場合の日本の生産性を業種別でみると、金融は48、運輸業は44・3、小売業は38・4、飲食・宿泊業は34となっています。

米国の生産性が、日本の2倍というのは信じられないことです。

要するに、日本のサービスはあまりに行き届いていて、人手や手間がかかりすぎているのです。

日本は、宅配便、タクシー、小売店、理容、美容等々、すべてにおいて外国と比較して高いサービスを提供しています。いわば日本のサービスは、素晴らしさの割に対価が低すぎたというわけです。これが是正されて適正価格になろうとしているのが現状なのです。

したがって、サービス業の賃金は上昇することはあっても、低下はしづらいのです。

年収1000万円の求人が急増

また、２０１７年になって、企業の幹部クラスの年収が上昇しています。特に中途採用市場において、年収１０００万円クラスの求人が急増しているのです。

高収入層の求人は、従来ヘッドハンターを使った募集が中心でしたが、近年は堂々と求人を表に出して戦力を募る企業が増えています。

グローバルに展開している企業も多く、人材の国際的な流動化が起こっています。高いスキルを持った人材は、どの企業も欲しいわけです。

現在、東南アジアでは、企業の幹部クラスの年収は10万ドルを超えています。そして、それが年々7～8％ずつ賃上げされています。

ところが日本では、相変わらず2％の賃上げがやっとの状態です。

仮に賃上げが日本で2％、東南アジアなどの海外で7～8％という状態が10年続けば、給与の差が倍近くに広がります。それはあり得ないでしょう。

日本でも幹部クラスや高いスキルを持った人材を給与面で優遇していかないと、人材は海外企業に流れてしまいます。

かつて日本の企業で働く人は高収入の人が多かったわけですが、現在は、残念ながら諸外国に追いつかれ、抜かれようとしています。

国際的な給与水準に追いつくためには、給与を上げていくしかないわけです。

かようにデフレが長かった日本においても、国際的な標準化の波を受けて賃金上昇が当然の流れになっているのです。

政府も賃上げを後押ししますし、そもそも株価が大きく上昇し始めたこと自体、近い将来における「デフレからインフレへ」の変化を意識したものでしょう。

そして2018年は、「賃金上昇→購買力拡大→物価上昇」という好循環が、いよいよ始まります。

さらにその流れは、一度始まると止まらない波となって、株高や物価高を加速させていくでしょう。

今はまったく想像できないかもしれませんが、こうして日本も本格的なインフレへと動きだすのです。

森金融庁長官の政策は日本人を豊かにする！

それでは、変化しつつある日本政府の動きを追っていきましょう。投資を奨励する政府の方針転換について、森金融庁長官の講演を基に解説していきます。

森金融庁長官は2016年10月、ブルームバーグのグローバルセミナーで講演しました。

その内容はまさに株主重視、株式市場のサポートという、1967年の松下幸之助の論文に沿ったような内容でした。

苦節50年、日本はやっと株主重視という資本主義の原則を、行政においても実行しようと決意したようです。政府の目指しているものを追っていきましょう。

この講演で森長官はまず、「我が国において人口の減少や高齢化が進むなか、これまで蓄積された国民の富を安定的に増大させていくことが重要な課題となっています」と問題提起をしました。

日本は世界で最も人口減少と高齢化が進んでいます。団塊の世代が2025年には75歳以上となり、日本は歴史上、類をみない超高齢社会に突入するわけです。

高齢者を支える若い人たちの人口は、減少する一方です。ますます長寿になり、増え続ける高齢者を支えきれるのでしょうか？　年金があるとはいえ、その額は心もとなく、それだけで生活するのは厳しいでしょう。当然、高齢者は、各々が蓄えてきた預貯金を取り崩す必要に迫られます。

しかし、金利がゼロに近い状態では、銀行にお金を預けても増えることはありません。

一方で、日本には他国にない強みもあります。それは国民の持つ膨大な金融資産の存在です。その額は１８００兆円を超えています。

このような強みを持っている国は、世界にそうあるものではありません。高齢化は待ったなしで進みますが、半面、莫大な金融資産を持っているのが日本人なのです。

であれば、日本の強みである、この莫大な金融資産を有効に使わない手はありません。というか、超高齢社会を乗り切るには、資産運用を巧みに行うしか生き抜く手段がないわけです。

ところが日本人は、この資産運用が極めて下手で、これまでもうまくいくことはありませんでした。日本では１９８９年12月29日に日経平均が３万８９１５円のピークに達して以降、株価は下がり続けました。

米国ＮＹダウは、この間8倍に化け、ドイツＤＡＸ市場も同じく8倍近くになっています。世界の株式市場のほとんどが、過去28年間、基本的には上げ続けてきたのに、残念ながら日本だけは蚊帳の外でした。しかも預金金利は２０００年から、ほぼゼロ状態が続いています。いったいどうやって資産を増やせというのでしょうか？

図１をみると一目瞭然ですが、日本人の金融資産は現金・預金が半分以上と、極めていびつな構成となっています。これでは金利収入を得ることもままなりません。

図1　日本人は半分以上が預金のみ

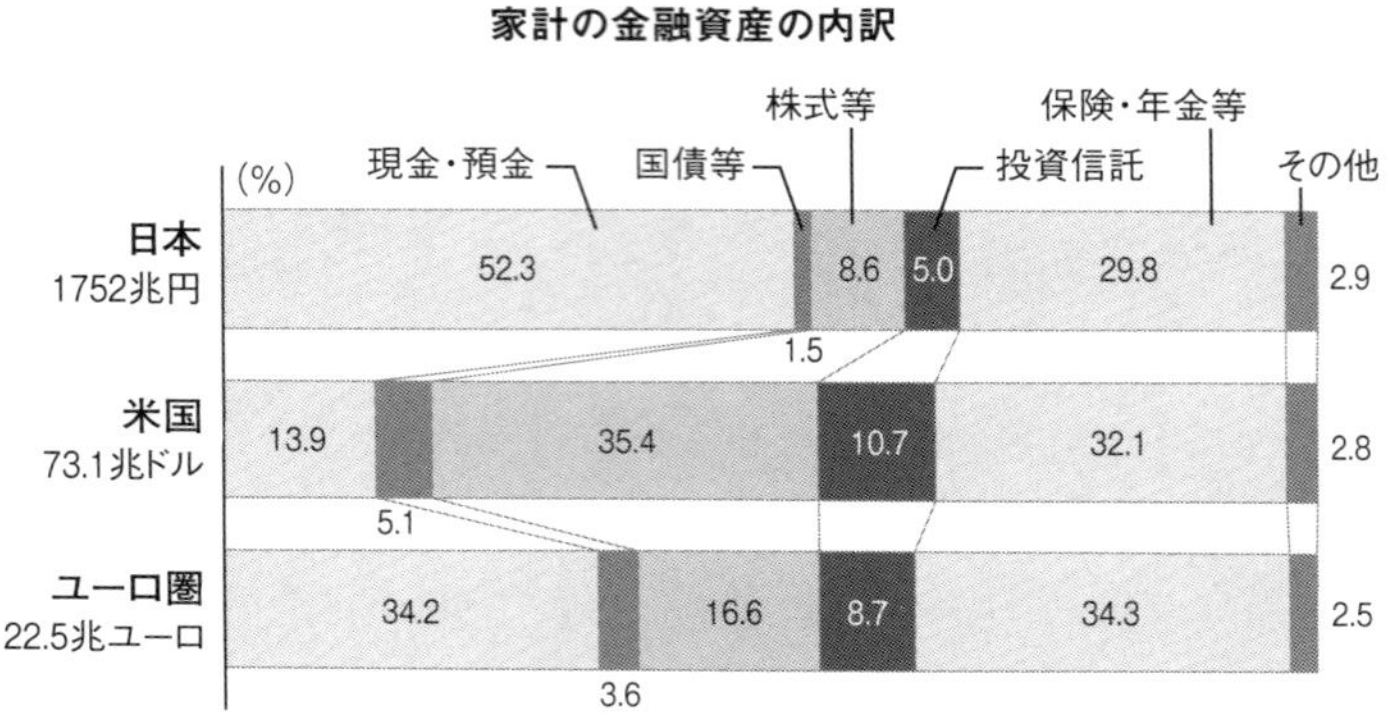

（注）日米欧の中央銀行の統計から作成。2016年9月末

出所：読売新聞（2017年2月22日）

このように効率的な資産運用ができない日本の現状について、森金融庁長官はいくつかの問題点を指摘しています。

まず金融機関については、投資家を喜ばすような商品を提供できていないと言い、金融商品の販売姿勢に重大な問題があると指摘しています。

また運用サイドの日本の機関投資家についても、うまく資金を運用して収益を出し続けるようなノウハウを持っていないと苦言を呈しています。

かように日本では家計は預金偏重で金利が取れず、機関投資家は資産運用の高度なノウハウがなく、金融機関は販売姿勢がなっていないというわけです。

ですから、日本の家計、金融機関、機関投資家が各々抱えている問題を整理、解決し、国民の安定的な資産形成につなげていく必要があると提言しているのです。

日米の家計の資産はこんなに違う

家計の金融資産についてみてみましょう。

森長官によれば、過去20年間における家計の金融資産の増え方をみると、米国では3・1倍、英国では2・3倍に対して、日本では1・5倍になっただけということです。

さらに勤労所得と財産所得（財産の利用により発生する所得）の割合を日米で比較すると、米国3対1に対して、日本8対1ということです。

明らかに米国では、資産運用などで得た財産所得が、家計の助けとなっています。

一方、日本の場合は、勤労所得のみに収入を頼り、財産所得の割合は極めて低くなっています。これでは日本で消費が盛り上がらないのも当然でしょう。

米国では個人の株式の保有率が高く、さらに20年間、株価が上がり続けているので、その恩恵を多くの人たちが受けています。

ところが日本は金利もほぼゼロですし、株価は直近で上昇してきたものの、日本人の多くは株を売る一方か、そもそも保有していない状態なので、株価上昇の恩恵をほとんど受けていません。

もし日本でも、米国のように金融資産から得る所得が多ければ、消費も当然、盛り上がっていたと思われます。

実は米国でも、1980年頃までは、財産所得の比率は高くありませんでした。現在の日本と同程度で、勤労所得と財産所得の比率は8対1ほどでした。

それを米国は、401k（確定拠出型企業年金）やIRA（個人退職年金勘定）といった年金基金の株式投資への優遇税制を充実させることによって、米国民の持つ金融資産の流れを変えることに成功し、個人の資産を株式市場に誘導する道筋を自然につくりだしたのです。

その後、株価は紆余曲折《うよきよくせつ》がありながらも、基本的に上がり続け、米国民の多くは資産を増やすことができたというわけです。

日本でもここ数年、積極的に投資を奨励してきましたが、その効果はまったく出ていません。やはりバブル崩壊後の株式市場の長い下落傾向をみて、日本人のほとんどが株式投資に対して拒否反応を抱くようになってしまったからでしょう。

積立分散投資でお金は増えるのか

このような米国の成功例を基に、日本でも株式などリスク資産への誘導策が取られています。

ＮＩＳＡはその典型で、夫婦と子供2人という一般的な家族構成において、年間480万円、5年ですと2400万円も無税で投資できる制度です。

ただ、政府のバックアップがこれだけあっても、残念ながらＮＩＳＡは広く利用されているとは言えないのが現状です。

積立分散投資の有効性に関し、森長官は実例を出して説明しており、過去20年間、毎年同額を国内、先進国、新興国の株式、債券に6分の1ずつ積立投資した場合、年平均4%の利回りを上げることができたというのです。

いわば成長が止まった日本でも、世界各国に投資することで、成長の果実を受けることができたのです。

かような積立投資の優位性は、多くの例で実証されています。

ですから日本政府は、低額で投資でき、しかも継続することによって収益が上がるつみたてＮＩＳＡを実現させたのです。

なお、投資初心者を主な対象としたアンケート調査によると、日本国民の7割が一度も投資教育を受けたことがなく、なんと、そのうち3分の2は「金融や投資の知識を身につけたいと思わない」という惨憺《さんたん》たる結果でした。

日本人は、汗水流して稼いだお金は尊いが、株式投資などはギャンブルの一種で、それで儲けるのはいいことではないという意識が強く、すでにふれた積立投資や分散投資の合理性については、ほとんど知られていないのです。

森長官は、日本で投資信託などのメリットが知れ渡っていない原因として、金融機関の販売姿勢に重大な問題がある、と指摘しています。

日本人が資産運用に興味がないのは、日本人の大多数が「投資の成功体験」を味わっていないからだというわけです。

森長官は一例として、2009年から2014年の5年間において、銀行による投信販売の実績が2・2倍にまで増えたことを指摘しました。

販売額が2・2倍にもなったのであれば、さぞかし投信の残高が増えたように思えますが、実はこの間、投信の残高は23兆円から24兆円と、わずか1兆円しか増えていないというのです。

販売が倍以上に拡大したのに残高が増えていないのは、銀行の販売姿勢に問題があり、顧客から手数料ばかり取って回転売買されていると指摘しています。それでは顧客は「投資の成功体験」を味わうことができず、投資に対してアレルギーを持つのも当然です。

ちなみにこの間、預金残高は589兆円から698兆円と、110兆円も増えたということです。

日本の投信は問題がありすぎる!

そもそも日本の金融機関が販売する投信は、商品性に問題があると指摘しています。日米の投信の商品を比較すると明らかなのですが、日本の投信の販売手数料や信託報酬は、米国に比べて圧倒的に高いのです。

さまざまな構造的な問題があるのですが、まず投信の規模の問題があります。日米の投信で残高の多い5銘柄の1銘柄あたりの平均残高を比べると、米国では1銘柄あたり22・6兆円ですが、日本では1・1兆円です。

つまり日本では、1兆円を超える残高を持つ投信が非常に少ないのです。

それにしても上位5銘柄の平均の残高が、日米で比較して20対1という差は強烈です。投信は、その運用において、運用先や販売先への経費が生じます。これが米国の場合は規模のメリットが利いて、日本に比べると経費が圧倒的に安くなるわけです。ですから、販売手数料や信託報酬も安くなるのです。


また、米国における投信の販売手数料の平均は0・6%ですが、日本の場合は3・2%と、米国の5倍強もあります。

ゼロ金利時代に3%を超える手数料を取るのですから、運用は相当プラスにならないと、収益の出ようがありません。

たとえ日本の株価が上昇傾向にあり、購入した投信の利回りがよかったとしても、株式市場が低迷でもすれば、日本の投信は瞬く間に手数料負けしてしまうでしょう。

投信を購入するときのポイントは手数料にあるのであって、購入時は手数料を慎重に吟味しなければなりません。そうすると、日本で一般的に販売されている投信など、購入する意味がないことがわかります。

次に、毎年手数料として取られる信託報酬ですが、これも米国では規模のメリットがあり、年間0・3％と極めて低率です。

ところが日本の投信の信託報酬は年間1・5％もあり、米国に比べると、5倍という高さなのです。

たとえば投信を100万円購入したとすると、販売手数料は3・2％ですから、始まりが96万8000円からになります。そして、毎年1・5％ずつの信託報酬が自動的に引かれますので、仮に運用成績が振るわずゼロベースであれば、翌年は約95万3000円、その翌年は93万9000円、その翌年は92万5000円と、年々運用額が減少していくことになるのです。

低金利時代ですから、運用はかなり難しい状況です。このようななか、日本では投信の販売手数料も信託報酬も米国の5倍ですから、収益が上がるはずがないのです。

そして過去10年間における日米の投信の利回りを比べると、米国では残高上位5銘柄の10年平均で年5・2％と素晴らしい結果を出していますが、日本の場合は残高上位5銘柄の10年平均で、年マイナス0・1％となり、元本割れになるのです。

米国では販売手数料が0・6％で、信託報酬が年間0・3％なので、10年間で取られる手数料の合計額は3・6％になります。

ところが日本の場合は販売手数料が3・2％で、信託報酬は年間1・5％なので、10年間で取られる手数料は18・2％となります。

これでは運用成績が、米国に比べて圧倒的に劣るのは当然でしょう。

ですから金融庁は、日本の金融機関の投信販売姿勢を批判しているわけです。これは日本の投信販売の構造的な問題もあぶりだしているわけで、至極真っ当な指摘です。

現在、広く販売されているテーマ型のアクティブ投信や毎月分配型投信は、販売する金融機関にとっては手数料稼ぎのインセンティブが発生するものの、長期で資産形成を考える家計には不向きなのです。

長期投資では、コストこそ重視すべきとの立場で、インデックス投信の優位性を金融庁は指摘しており、その通りだと言わざるを得ません。

つみたてNISAは買いなのか

２０１８年1月からは、非課税期間20年のつみたてＮＩＳＡが始まりました。年間40万円が限度ですが、このような商品が登場し、それを国がバックアップする意味は大きいでしょう。

年金の問題や、今後の「デフレからインフレへ」の流れを考えれば、若い人は率先してつみたてＮＩＳＡを行うべきだと思います。

森長官は、つみたてＮＩＳＡに採用する金融商品として、販売手数料ゼロのものばかりを選びました。

そして驚くべきことに、対象となった50本の投信は、国内で売られている公募投信の１％以下だったのです。現在、売られている公募投信の99％は、手数料が高くて失格だったわけです。

金融庁は、「とにかく手数料がいかに高いか、明確にしろ！」との厳しい姿勢です。

金融機関も、金融庁の厳しい姿勢を意識はしているでしょう。とはいえ、販売してもほとんど儲けられない慈善事業のような投資信託を、積極的に売るところまではいけないのが現実のようです。

いずれにしても、つみたてＮＩＳＡは、今後日本の個人金融資産の流れを劇的に変える爆発力を秘めていると言えるでしょう。

投信は売れているときほど儲けが少ない

投信は、売れるときと売れないときがあります。皮肉なことですが、今までの投信販売の実績を振り返ってみると、売れたときほど運用成績が伴わないことが多いのです。

たとえば、投信を購入するときの投資家の心理を考えてみましょう。リオデジャネイロ・オリンピックの前でブラジル経済が活性化していたときです。ブラジルに投資する投信がブームになったことがありました。ブラジルに投資した投信の利回りがよくなると、それが多くの人々の知るところとなり、ブラジルに投資する投信が余計に売れるようになります。

しかし、経済の循環や相場の世界は皮肉なもので、そのようなときは、経済や株式市場のピークとなっていることが多いのです。

結果、多くの日本人がブラジルブームに沸いたとき、ブラジル経済はピークとなり、オリンピック前に失速しました。ブラジルに投資した多くの日本人は、大きな損失を被ってしまったのです。

販売側はどうしても売れやすい商品をつくります。たとえば現在だと、ＡＩ投信など、旬のテーマの商品をつくるのです。

しかし一般的に、普通の人がそのテーマがいいと感じるようなときは、世の中に広まった後なので、そのテーマはピークに達していることが多いわけです。

過去を振り返ると、投信がよく売れるのは、株式市場が好調なときです。そして投信の利回りがよくなると、多くの人は投信を購入するのですが、そのようなときには株がすでに天井を打っているケースが多々あるわけです。

ですから、旬のテーマで売りだす投信などは購入しない方がいいのです。

米国では、日本のように次々と投信が発売されるというよりは、ロングセラー、かつベストセラーの投信が売れています。そのような投信の方が断然、成績はいいのです。

日本でも独立系の投信会社が活躍していますが、手を替え品を替え、さまざまな投信を発売するようなことは行っていません。それは真っ当な姿勢だと思います。

松下幸之助は時代を先取りしていた！

手数料至上主義で顧客の方を向いていなかった日本の金融機関の姿勢を劇的に改めさせなければ、政府の目指す「貯蓄から投資へ」の流れは実現されることはありません。

そこで金融庁は、金融機関の取るべき根本的な指針として、「フィデューシャリー・デューティー」を打ちだしました。

このような横文字を使ってわかりづらいスローガンを発するのが、いかにもお役所らしい金融庁のまずいところです。第一「フィデューシャリー・デューティー」などというカタカナ語は極めて言いづらく、覚えられません。このような言葉を、重要なメッセージを発信したいときは使うべきではないと思います。

「フィデューシャリー・デューティー」自体は極めて重要なことで、「顧客の利益第一主義」を意味します。

金融機関は、顧客から命の次に大事なお金を預かっています。ですから、お金を預けてくれた顧客の最大の利益を目指して業務を行うべきなのです。

一般的に、投信も保険会社も年金基金も、資産を運用する場合、株式や債券に投資しています。株式投資や債券投資を行っていない運用主体はないと言っていいでしょう。

顧客の利益を第一に考えれば、投資先企業に対して建設的な提言をするでしょうし、その企業が儲けを増やしているのであれば、配当の拡大など、さらなる利益の還元を求めるのは当たり前のことです。

そして、このことを「スチュワードシップ・コード」と言います。またもや横文字でわかりづらいわけですが、簡単に言うと、「顧客の利益第一主義」を貫こうとして、投資先の企業に対して、金融機関が自らの利益を主張するということです。

積極的に自らの利益を主張するには、今までの「物を言わない株主」から、「物を言う株主」への転換が必要です。これは「顧客の利益第一主義」に基づけば当然です。

このように「投資先企業に対して物を言う」ことが、「スチュワードシップ・コード」なのです。

「配当を上げろ！」「業績を上げろ！」「自社株買いを行って株価を上げろ！」「不採算部門を整理しろ！」等々、投資した先に対して、株主が意見を言いたいのは皆同じでしょう。

これまでの日本の金融機関や生損保などの機関投資家は、お上品に黙っていたわけですが、お金を預かり運用する立場として「顧客の利益第一主義」を貫くには、多少品がなくても、自らの主張を堂々とぶつけ、投資に対してのリターンを最大化させる必要があるのです。

また経営者は、「株主はご主人様」と敬って、その意見に謙虚に耳を傾けなくてはなりません。まさに現在、日本で行われようとしている改革は、松下幸之助のかつての提言、「国民総株主化」を主張したときと同じなのです。

現実に安倍政権における「第3の矢」においても、この「スチュワードシップ・コード」の重要性が指摘されています。安倍政権の「日本再興戦略」において「企業の持続的な成長を促す観点から、幅広い範囲の機関投資家が企業との建設的な対話を行い、適切に受託者責任を果たすための原則」、いわゆる「スチュワードシップ・コード」の重要性が指摘されているのです。

ここで、松下幸之助の発言を引用します。

松下幸之助の言葉は、まさに「スチュワードシップ・コード」そのものであることがわかるはずです。

「株主は、みずから会社の主人公であるということを正しく自覚、認識していなければならない。そして経営者に対して言うべきは言い、要望すべきは要望するという、主人公としての態度を毅然として保つことが大事ではないかと思う。

たとえ少数株しか持っていない株主であっても、単に株を持って配当を受け取るというだけでなく、会社の主人公たる株主としての権威見識をもって会社の番頭である経営者を叱咤《しった》激励する、ということも大いにのぞましいと思うのである。

そのようにすれば、経営者としても経営によりいっそう真剣に取り組み、業績をあげ、利益をあげて、それを株主に十分還元しようとする気持ちが強くなってくるのではないだろうか」

第三章

株高に乗り遅れるな!

株高は日本の国策。だから乗り遅れるな！

「政府として見込んでいた数字を大きく上回っている。年金財政の安定に大きく寄与する成果だ！」

２０１７年11月２日、菅官房長官は年金運用で予想以上の黒字が出たことを報告しました。公的年金を運用する年金積立金管理運用独立行政法人（ＧＰＩＦ）は、２０１７年７〜９月期の運用収益が４兆４５１７億円の黒字だったと発表したのです。

これで５四半期連続の黒字であり、しかも世界的な株高の恩恵を受けて、黒字幅が拡大しています。

ＧＰＩＦは２０１４年10月から、資産運用のポートフォリオを大きく変えました。国内外の株式の割合を、それまでの12％から25％へと倍増させたのです。

この結果、ＧＰＩＦにおける株式の運用比率は、国内株25％、海外株25％と、両方合わせて50％となりました。ここまでのポートフォリオにするには、国内で侃々諤々《かんかんがくがく》の議論がありました。

しかし振り返ってみれば、ポートフォリオの変更は大正解であって、結果的にＧＰＩＦの資産は大きく増えたのです。

従来ＧＰＩＦの資産イメージは、１１０兆円程度というのが大勢だったと思います。それが現在では１５７兆円に迫る勢いで、この本が出回っている頃は１６０兆円を超えているかもしれません。

２００１年からＧＰＩＦは資産運用を始めました。それ以降、ＧＰＩＦの累積収益は63兆円弱の黒字となっているのです。おおざっぱに言えば、２００１年から２０１７年までで、１００兆円が１６０兆円になったと思えばいいでしょう。

多くの人が「ゼロ金利で資産が増えない」と嘆いているかもしれませんが、ＧＰＩＦと同じように資産運用すれば、あなたの資産もこの17年で6割も増えていたわけです。

皮肉なもので、これだけ国民の年金基金が増えたにもかかわらず、このことは話題にもなりません。仮に「ＧＰＩＦが劇的な利益を出している」ということが広まると、「バブルで危ないのではないか」と懸念の声が上がってきそうなほどです。

株高は日本の国策であり、デフレからインフレに持っていくために、政府も日銀も必死になっています。

その成果の一つとして、日本の株高が生じてきたこともあるでしょうが、国民の冷ややかな目は変わりません。

日本人はなぜか株高になると、「何かがおかしい」「バブルだ」などと否定的な感情ばかり抱くようです。日本人の大半は、長く続いた株式市場の低迷に懲りて、完全なる「株嫌い」になっているのです。

個人投資家はバブル崩壊後、27年にわたって、一貫して株を売り続けています。

多くの日本人が株高に違和感を持っていることは否めず、この現実を素直に受け止められないようです。

老後を支える年金のこと、知っていますか？

今回の株価の上昇を受け、株式の割合を大きく増やしていたGPIFは莫大な利益を得ることができました。

逆に損失を被っていたら、「なんで大事な年金で株なんか買ったんだ！」と大変な批判を受けていたことでしょう。

実際に、2015年の決算でGPIFが巨額の赤字を出したときは、マスコミを通じて、非難の嵐となりました。

国会で野党は、「ＧＰＩＦが株式を購入したことで赤字となった。その責任をどう考えるのか？」と政府を責めていました。

安倍首相は、野党の質問に対し、「年金の運用に関しては、単年度でみるものではない」と突っぱねていましたが、野党側の非難は収まりませんでしたし、新聞の論調でもＧＰＩＦの資産運用で、リスク資産である株式を増やしたのはまずいのではないか、という意見が大半だったわけです。

かように日本人は株が下がる、損失を被る、ということに対し、特に敏感です。

一方で、株高によって運用資産が大きく増えたというニュースに関しては、ほとんど関心を示さないのです。


認識しておくべきことは、あなたの老後を支える年金基金の50％は、株式投資によって運用されていて、それがうまくいっているという事実です。

そしてＧＰＩＦが運用資産の50％を株に投資しているのは、決しておかしなことではなく、世界的なスタンダードであるということです。

ましてや日本は、政府と日銀が何としてもインフレに持っていくと奮闘を続けているわけです。

こんなときに株式を購入しないで、いつ買うというのでしょう?

20年にわたって株が下がり続けた国は日本だけであって、それは特殊なことだったのです。世界の株価をみればわかりますが、紆余曲折はあれど、株式市場は基本的に上がり続けるものなのです。

政府や日銀のインフレへの誘導は、強い意志に基づいています。

待ったなしの超高齢化で、日本の借金は増え続けています。この借金はインフレを引き起こさなければ、決して返すことができないという現実を考えてみてください。

世界を見渡しても、資産運用としての株式投資は極めて平凡で普通のことです。

年金運用がうまくいっているのをみてもわかるように、間接的かもしれませんが、あなたも株高で恩恵を受けている一人なのです。

日本のバブル崩壊はかなり特殊だった

図2をみるとわかりますが、日経平均の過去の推移をみると、1986年末から30年間、

図2　日経平均は30年間、ほとんど変わっていない！

日米の株価推移

	日本（日経平均）	米国（NYダウ）
1986年末	18,701円	1,895ドル
1996年末	19,361円	6,448ドル
2006年末	17,225円	12,463ドル
2016年末	19,114円	19,762ドル

株価はほとんど変わっていません。

一方のＮＹダウは１９８６年末が１８９５ドルで、今では想像もできませんが、２０００ドルにも満たない水準です。

そして10年後の１９９６年末が６４４８ドルと、10年で３倍以上に上昇し、さらに10年後の２００６年末は１万２４６３ドルと、およそ２倍になっているのです。

そして２０１６年末には１万９７６２ドルと、この10年間で６割弱上がっています。

現在は２万６０００ドルですから、２００６年からみると２倍です。

いずれにしてもＮＹダウは、日経平均とは対照的に、年々コンスタントに上昇し続けていることがわかります。

一方の日経平均は、いくらバブル崩壊という大変動があったとはいえ、30年にわたって、ほぼ同じ水準とは驚きとしか言いようがありません。

日本の場合、バブル時にはあまりに皆が強気になりすぎて、株価が永遠に上がるように思っていたわけです。その結果、日本国民の多くが異常値になるまで買い続け、バブルの大天井をつけたわけです。

そしてその後、バブルが崩壊し、その反動として日経平均の長い低迷がありました。日本で起こった不動産バブルは、世界史に残るすさまじいものでした。

その結果、日本人は株に対して強気になれなくなってしまったのです。

30年間も株価が同じ水準にあった国など、長い歴史を振り返っても存在しないでしょう。

要するに、現在日本で生きている人たちは、めったに起こらない株の超長期低迷を体験してきた、史上唯一の存在と言ってもいいほどなのです。

日本株は26年ぶりの高値に躍りでた！

このような状況下にあって、日本の株式市場が26年ぶりの高値に躍りでてきたことは、極めて重要です。株式投資を忌み嫌い、投資を拒否してきた国民ばかりの国で、株価が高値となってきたわけです。

いよいよ日本は、株価の超長期低迷から脱するときがきたと思わなければなりません。いわば時代の経過とともに、株価が上がるという流れが日本にも訪れているわけです。

ところが大多数の日本人には、このように株価が継続的に上昇していくという見方はできないし、信じることもできないでしょう。

ウォール街に伝わる有名な格言があります。「強気相場は絶望のなかで生まれ、懐疑とともに育ち、楽観により熟し、陶酔とともに終わる」というものです。

一般的に日本人の場合、他者の儲け話などを聞いて、「自分も投資しようかな」と思って投資を始めることが多いようです。日本人はコンセンサスを重視しますので、投資の判断についても、周りのムードに左右されるのです。

ところが相場の世界は、天《あま》の邪鬼《じゃく》で弱気な人が多いほど売る人が多くなるので、株価は下がるわけです。

そうなれば、そこは絶好の買い場となります。記憶に新しいところでは、東芝の事件があります。世間を連日騒がしているときは、株式市場でも東芝の株が怒涛《どとう》のように売られるわけで、株価が必要以上に安くなります。

やがて落ち着くと、売られすぎた反動で、株価は上がります。

連日のニュースでイメージが悪くなった東芝株は、当時買うにはうってつけだったのです。

これと同じで、「強気相場は絶望のなかで生まれる」というのは、誰もが将来を悲観し、大多数の人が株を売りたいと思うようなときこそ、買おうとする人が極めて少ないので、安く買うチャンスだというわけです。

あなたの友人知人10人中10人が「こんなときに株を買うの？」と言うようなとき、株は絶好の買いどきなのです。

ある意味、現在の日本はそのような状況だと私は思います。

というのも株価が大きく上がってきたものの、日本人の大多数は投資に対して弱気で、「どうしてこんなときに株を買うの？」と言いそうな雰囲気だからです。

ことほどさように相場の世界は、普通の人の考えと逆にいくことが重要で、そのような逆転の発想が、成功の秘訣でもあるわけです。

相場はこうして育っていく

相場は常に、先行きに強気の人もいれば、逆に警戒感を持っている人もいます。

売りたい、買いたい、の両者が一致したところで値段がつくわけですから、弱気と強気の人両方が存在しなくてはなりません。その微妙なバランスのなかで相場は育っていくのです。経済や相場の先行きを疑う多くの投資家がいるからこそ、そして、それが徐々に経済動向の好転とともに変化していくからこそ、少しずつ株価が上昇していくのです。これが「相場が育つ」段階です。

次のステージとして、相場は「楽観により熟していく」わけです。経済動向が次々とよくなり、多くの人々が好景気や先行きを楽観できると、株価の上昇を素直に受け止められるようになります。今まで投資しなかった人も、「経済状況もいいので投資しようか」という気分に変化していくわけです。

このときは、多くの人たちが楽観ムードとなっているので、投資する人々が断続的に増加し、相場はますます熟していきます。

そして、本当に経済がよくなり、株価もどんどん上昇していくようになると、人々は投資の決断は正しかったと確信を持ち、自信を持つようになります。

この段階になると、経済状況はいいし、自分も投資で儲かっているし、すべてが好循環で「ハッピー」そのものになります。この時点で人々は先行きを完全に楽観し、まさに「陶酔」状態です。

こうして大多数の人が儲かるようになると、投資に対して懸念するようなハードルがすべて取り払われます。

ところが今度は、投資をする人が徐々に減っていきます。経済の先行きがよいにもかかわらず、相場の世界においては高値で株を買う人が、いつの間にかいなくなるわけです。経済状況や人々の懐具合、先行きの楽観ムードに関係なく、株式市場に資金を投下する人がピークに達してしまうわけです。

そして、株式市場の需給関係の悪化という、値段をつくりだす根本的な環境が変わってくるため、相場が天井を打ってしまうのです。

ですから相場の世界では、人々の「陶酔とともに相場が終了する」のです。これが短いスパンで起きるときもあるし、長いスパンで起きるときもあります。

日本のバブルとは何だったのか

日本の例を振り返ってみましょう。日本の終戦後からバブル期までの株式市場をみると、ウォール街の格言通り、「絶望―懐疑―楽観―陶酔」のパターンになっているのがわかります。

日本の復興は、1945年の終戦の焼け野原から始まりました。破壊された絶望の世界から、相場が生まれたわけです。

1960年代に入ると、日本は東京オリンピックをはじめ、高度成長という発展段階に入っていきます。その時代は多くの人が、懐疑とともに希望を持って一生懸命仕事に打ち込み、日本の経済成長に貢献したわけです。

まさに高度成長期の日本の株式市場は、「懐疑とともに育った」わけです。

1970年代に入ると、日本は二度の石油ショックを克服し、経済がさらに拡大していきました。米国の背中がみえてくるようになると、徐々に人々は日本の先行きを楽観視するようになり、将来に希望を見出《みいだ》せるようになっていったわけです。

それは相場の世界で言うと、経済の飛躍的拡大とともに、相場も「楽観により熟してきた」ということでしょう。こうして石油ショックの克服は、日本人に自信を与え、日本は順調に経済発展を続け、株価も上がり続けました。

１９８０年代後半になると、日本経済はますます勢いづき、米国経済さえも凌駕《りょうが》するようになっていきました。当時は「ジャパン・アズ・ナンバーワン」ということで、ついに米国を抜き去った日本は、なんと終戦後40年余りで世界に冠たる国家になったのです。人々は株価や地価の高騰というバブル景気に酔い、まさに日本全体が「陶酔状態」。日本中の誰もが、株や土地、ゴルフ会員権に投資するようになりました。

そこで日本の相場は、大天井となったわけです。

日本の景気がかようなバブル景気という「陶酔」とともに終了したことは、多くの人の記憶に残っているはずです。


このようなバブルが起こったのは、人々が「株価や地価が下がることは決してない。日本経済は永遠に発展していく」と確信していたからです。下がることがないと思えば、いくらになっても買うことができますし、銀行は株や土地などの担保があれば、融資が不良債権化することなどあり得ないため、いくらでもお金を貸せるわけです。

こうしてバブル期に銀行は、我先にと融資競争に明け暮れました。銀行員がやってきて、「とにかくお金を借りてください」と言われ、「使い道がないんだけど……」と答えると、

「株でも買えばいいじゃないですか！」と言われる始末だったのです。

企業も株や土地への投資に奔走していました。「特金」というファンドをつくって、積極的に投資に励んでいたわけです。

株価や地価が決して下がることがないのであれば、お金を借りて株式や土地に投資すればいいわけで、まさに日本人総出で、株や土地を購入していったのです。

当時、財テクは当たり前で、株価や地価は永遠に上がり続けるわけだから、投資しない者は個人だろうが、銀行だろうが、企業だろうが、愚か者とみられていました。

このような世相が、日本全体でバブルを引き起こしたのです。


日本国民全員の超強気の下で生じた株価や地価でしたから、とんでもない高値となっていたわけです。

今振り返ると、「当時の人はなんて愚かだったんだ」と思うかもしれませんが、戦後、1945年から株価も地価も上がり続け、経済も一貫して拡大し続けたわけですから、人々が超楽観になるのも当たり前だったのです。

現在がバブルであるはずがない！

現在の株価をバブルと言う人は、おそらく本当のバブルを知らない人でしょう。「バブル」をさらに詳しく知るために、1980年代後半がどのような状態だったのか、もう少しみてみましょう。

1989年当時はバブルの絶頂期でした。日経平均の最高値は3万8915円で、株式市場の時価総額は600兆円を超えていました。一口に600兆円と言いますが、当時の世界の株式市場の時価総額が約1500兆円です。日本が全世界の株式市場の時価総額の4割を握っていたわけで、まさに「ジャパン・アズ・ナンバーワン」を体現していたのです。

1989年は平成元年です。この年にベルリンの壁が崩壊し、旧ソ連との東西冷戦が米国の勝利で終了した、歴史的な年でした。共産圏は、次々とドミノ倒しのように政権が崩壊していくなど、旧ソ連圏であった東欧諸国が、一気に西側のシステムに組み込まれていった時代です。

日本では元号が昭和から平成に変わったわけですが、この平成元年に冷戦終了という出来事があり、日本の株価が大天井をつけたことは象徴的です。

当時、旧共産圏は中国なども含めて、株式市場が実質的に存在していない状態でした。ですから世界の株式市場といっても、日米欧だけが圧倒的なシェアを持っていたわけです。

1989年末のNYダウは、2753ドルにすぎません。現在の2万6000ドルからみれば、約10分の1です。そして、1989年当時のNYダウの時価総額は、日経平均の半分にすぎなかったのです。

当時の銀行の世界ランキングをみると、ベスト10は、日本の銀行がそのほとんどを占めていました。住友銀行、第一勧業銀行、三菱銀行、富士銀行、日本興業銀行、三和銀行、三井銀行など、懐かしい名前がずらりと並びます。

そして今では、どの銀行も、世界のトップ10に入ることなどできません。隔世の感がありますが、1989年当時、世界の金融は日本を中心に動いていたわけです。

当時の証券会社をみても、野村證券、日興証券、大和証券、山一證券という日本の4大証券会社は、世界のなかで圧倒的な存在であり、当時の野村證券の時価総額だけで、ゴールドマン・サックスやメリルリンチなど米国の証券会社のすべてが購入できるほどだったのです。

ＮＴＴ上場が株式ブームのきっかけに

１９８７年にはＮＴＴが鳴り物入りで上場しましたが、これが日本の株式ブームに火をつけました。公募価格１１９万円で決まったＮＴＴ株は、東証に上場すると、あまりの人気で2日間にわたって値がつかず、一気に１９０万円近くまで急騰、その後３１８万円まで上がりました。

ＮＴＴの上場で、生まれて初めて株を購入したという人も多かったと思いますが、そういう新規参入もあって、あっという間に価格が倍以上になったわけです。株長者や土地長者が全国に続出し、高級品が飛ぶように売れていたのも、この頃です。

国民の間に株式ブームが起こるのも当然でしょう。

このとき、ＮＴＴの時価総額は30兆円に達しました。この30兆円という額はもちろん一企業としては当時、世界最大だったわけです。その金額は当時のドイツの株式市場の時価総額に匹敵していたため、ＮＴＴという一企業の時価総額だけで、ドイツ一国が買えるほどだったのです。

当時、お隣の中国はまだ発展段階で、天安門事件の直前でした。北京では皆同じ人民服を着ており、ほとんどの人は自転車で通勤していました。

その当時、中国には株式市場はありませんでしたが、仮に株式市場があって外国に開放していれば、当時の日本なら、中国の全上場企業を簡単に買収できたことでしょう。

東京の土地の時価総額は膨大な額となっていて、東京全土の価格で、米国全土が2つ買えると言われていたのです。

しかしながら日本は、上昇してバブル化した株価という、張り子のトラのようなものの上に立っていたにすぎませんでした。

そして、「バブル」はあっけなく崩壊したのです。

とはいえ、バブル景気を、政府や日銀が政策として突如、強引につぶしてしまったのは悔やまれます。日本株がバブル状態であったことは事実としても、その後の政府や日銀の失策によって、日本は「失われた20年」となったからです。

日銀や当時の大蔵省の致命的な失策については、もっとシビアに総括されるべきでしょう。

PERやPBRを考慮しても、現在の株価はバブルではない!

PER(株価収益率)は、株価が1株あたりの利益の何倍であるかを示す指標で、「株価÷1株あたりの利益」で計算します。バブル期の日本株のPERは60倍から80倍で、米国株のPERは当時10倍程度でした。

「日本株は割高」という指摘に対し、日本株は米国株と違って成長力が高いので、PERは高くて当然、という説明がなされていました。

土地の価格についても、米国は国土が広く、いくらでも土地が手に入るのだから、日本に比べて安いのは当たり前で、反対に日本は土地が少なく、ましてや東京の土地など限られているわけだから、将来にわたって高くなっていくのは当然だと思われていたのです。

高い株価を正当化するため、当時「Qレシオ(実質株価純資産倍率)」という指標(「株価÷1株あたりの実質純資産」で計算)も登場しました。

日本は土地が少なく、土地の値段が上がり続けるのは必至なので、現在の土地の価格を基準に株価を判断するのではなく、不動産価格の将来的な値上がりを加味して、企業の資産価値を測るべきだということです。

ちなみに現在の日経平均のPERは15倍にすぎません。米国株のPERが現在20倍にまでなっているのに比べれば、現在の日経平均は上がってきてはいるものの、まだまだ安いものです。

次にPBR（株価純資産倍率）とは、株価が1株あたりの株主資本（純資産）の何倍であるかを示す指標で、解散価値を表し、「株価÷1株あたりの株主資本」で計算します。当時、日本株のPBRは5倍を超えていました。現在ではやっと1・3倍程度です。ここでも米国株は3倍を超えていますので、日本株は割安です。

またバブル期には、企業の配当はゼロコンマ数%という感じで、配当を狙って購入する投資家など皆無でしたし、配当を積極的に拡大するという発想の企業もありませんでした。

当時は、長期国債利回りと預金金利が8%という時代でしたから、預金をすると、10年で倍になっていました。それでも人々は10年で倍程度では満足できず、株式市場に殺到したのです。

これこそが、バブルです。現在をバブルと言う人は、明らかに本物のバブルを知らないか、バブルを当時、実感していなかった人でしょう。

日本株の上昇は始まったばかり

こういう観点からみていくと、現在の日本株の上昇は始まったばかりと言えるでしょう。周りをみてください。あなたの周りに株式投資をしている人がいますか？

これだけ株式市場が上昇しているのに、株を特集した雑誌の企画などはありますか？日本人は相も変わらず株価の先行きに弱気、ないし、ここまで上がっては怖くて買えない、という姿勢なのです。

何度も繰り返しますが、株価は歴史的、そして理論的にみて、高い水準ではありません。バブル期のＰＥＲは60倍から80倍ですから、今の日経平均の値段に換算すれば、９万２０００円から12万２０００円という水準になります。またＰＢＲで換算すれば８万８０００円という値段が出てきます。

一方、米国株並みに買われると判断した場合、日経平均はＰＥＲで換算すると３万円、ＰＢＲで換算すると5万３０００円となります。

２０１２年、まさに民主党政権による絶望的な政策運営から脱し、日本の株価はやっとトンネルを抜けて、長い上昇局面に入ってきたのです。

ウォール街の格言による「絶望―懐疑―楽観―陶酔」という相場のステージで考えると、今回の上げ相場の起点は2012年で、民主党政権という「絶望」から始まっています。現在はアベノミクスで景気が回復基調となった上昇相場の第2ステージで、「懐疑」の段階に入ったわけです。

ちなみに、この2012年の段階で、私は株価が長期上昇波動に入ったと確信し、いち早く『2013年、株式投資に答えがある』（ビジネス社）を出版し、世に発信しました。

さらに自らの会社「アセットマネジメントあさくら」をつくったのも2012年で、日本の株式市場の長期上昇入りを確信したのがきっかけです。

それ以降、私は日本の株式市場に関して、一貫して上昇し続けると主張しています。

日本人のほとんどが、株式市場の上昇を懐疑的にみています。自分の周辺をもう一度見渡してください。おそらく株式投資を行っている人などいないでしょう。

ですから、このようなときこそ、安心して株を買っていいのです！

加速する日本人の「株売却ブーム」

日本人はバブル崩壊後、心底、株嫌いになり、株を売る一辺倒になってしまいました。
いかに日本人が株を売り続けたか、そして、その状態が現在もなお続いていることを知る必要があります。

日本は現在、最も「バブルに遠いところ」にあり、「株ブーム」どころか、「株売却ブーム」が加速する一方なのです。

それでは早速、今回の上げ相場のなかで、投資家総出となって株を売りまくっている現状をみてみましょう。

図3は、投資主体別の売買動向を表しているものです。注目は、個人と生損保、都銀・地銀のセクターです。

先に書きましたように、バブル期までは、日本の個人や生損保、都銀・地銀や事業会社等々、あらゆるセクターが、怒涛のように株を買っていました。

ところがバブル崩壊後、日本の投資主体はほとんどが株式投資から足を洗い、売りに転じたのです。

日経平均は1989年12月末の3万8915円から、翌1990年、1991年と2万円

図3　日本の投資家は直近も売る一方！

投資主体の日本株売買の動き

（売り買い差額、単位億円）

	個人	海外投資家	生損保	都銀・地銀	信託銀行
2017年	▲57,934	7,532	▲5,709	▲8,650	939
2016年	▲31,623	▲36,887	▲5,739	▲4,930	32,651
2015年	▲49,995	▲2,509	▲5,840	▲3,094	20,075
2014年	▲36,323	8,526	▲5,037	▲1,290	27,848
2013年	▲87,508	151,196	▲10,750	▲2,829	▲39,664
2012年	▲19,111	28,264	▲6,977	▲1,181	▲10,192

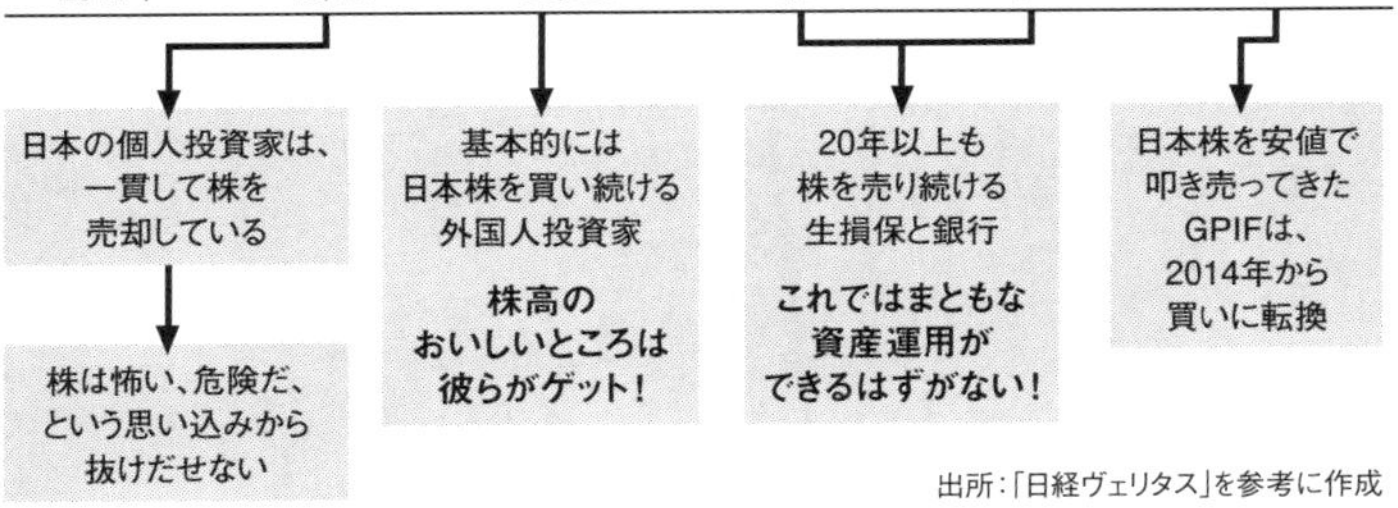
日本の個人投資家は、一貫して株を売却している
株は怖い、危険だ、という思い込みから抜けだせない
基本的には日本株を買い続ける外国人投資家
株高のおいしいところは彼らがゲット！
20年以上も株を売り続ける生損保と銀行
これではまともな資産運用ができるはずがない！
日本株を安値で叩き売ってきたGPIFは、2014年から買いに転換

出所：「日経ヴェリタス」を参考に作成

まで暴落、１９９２年には１万５０００円割れとなりました。

国内の投資家の投資マインドは一気に冷え込み、さらに財務の安定のために株を売るしかない状況に追い込まれていったのです。

こうして国内の投資主体のすべてが、バブルが崩壊した１９９０年から株を売り越すようになりました。その傾向は緩むことなく続けられ、１９９０年から２０１７年の直近まで、買い越す年はなく、ほぼ一貫して売り続けてきたわけです。

現在、日本の株価は上がっていますが、バブルであるはずがありません。

バブルであれば、皆が強気になって怒涛のように株を購入するでしょうが、現実はそうなっていません。

27年にわたって一貫して株を売り続け、しかも株価が上昇している今でさえ、売りの勢いが増しているわけですから、日本の投資家の動向をみれば、バブルではなく「逆バブル状態」なのです。

もちろん日本国内にも、日本株を買い越しているセクターはあります。

たとえば日銀は、年間6兆円ずつＥＴＦを買い続け、その総額は16兆円に及び、時価総額では利益も出て、24兆円近くに膨らんでいます。

また事業会社も自社株を中心に株式の保有を増やしています。

しかしながら、注目すべきは個人の動向です。

２０１２年のアベノミクス相場が始まってから、日本株は基本的に上昇していますが、その間、個人投資家は一貫して売り続けています。

特に上昇の激しかった２０１３年には、８兆７５０８億円という巨額の売り越しとなり、２０１７年も５兆７９３４億円と、特に上昇が目立った年の売り越しが顕著です。

それだけ日本の個人投資家は、株価が上がってきたことで、やっと損失が少なくなったと安堵《あんど》し、株を売却しているわけです。

しかも売り越しは、27年にわたって続いているのです。

かように、日本ではバブルどころか、「逆バブル」状態で、株売りが止まらないのです。

ひたすら株を売りまくる日本の投資家たち

さらに注目すべきは、生損保と都銀・地銀の動向です。これも1990年から2017年まで買い越しになることはなく、一貫して日本株を売り続けています。

2017年の1年を週間ベースでみても、生損保と都銀・地銀は、日本株が買い越しになった週など1週たりともありません。とにかく、売る一方です。

先に書いたように、バブル期は株式の持ち合いがありましたから、生損保や都銀・地銀は膨大な株式を保有していたわけです。それを27年にわたって売り続けているから強烈です。

とにかく価格が戻ってきたら売れということで、株価が上昇してきたところでの売りが止まりません。

すでに書いたようにGPIFの総資産に占める国内株の比率は上限の25%近くに達してい

ると思われますので、今後株価が下がれば買いに入るでしょうが、現在では上がれば売るというスタンスだと思われます。

このようにみていくと、日銀と自社株買いを行う事業会社を除いて、国内の投資家は今後も売り続ける可能性が高いでしょう。

図4をご覧ください。１９９０年の日本株の投資主体別の持ち株比率をみると、金融機関が全体の43％を占めていました。しかし、バブル崩壊後の１９９０年からは一貫して売り続けているのです。

企業と金融機関の株式持ち合い解消による日本株の売りは27年間続いて、その総額は１９９０年から２０１７年3月末までで１３７兆円に達しています。２０１７年3月時点で、東証1部の時価総額は６３０兆円ですから、日本株の約2割が売られ続けてきたわけです。

同じ時期、外国法人は日本株を買い続けていたわけで、外国法人の買い越し額は、１９９０年から２０１７年3月末までで１５０兆円強にのぼっています。

日本人の売りを、外国法人が見事にカバーしていたのです。

外国法人の日本株の持ち株比率は、１９９０年の４・７％から２０１７年3月末時点で30・１％にまで拡大しています。

図4　日本株の保有者は金融機関から外国人に移った！

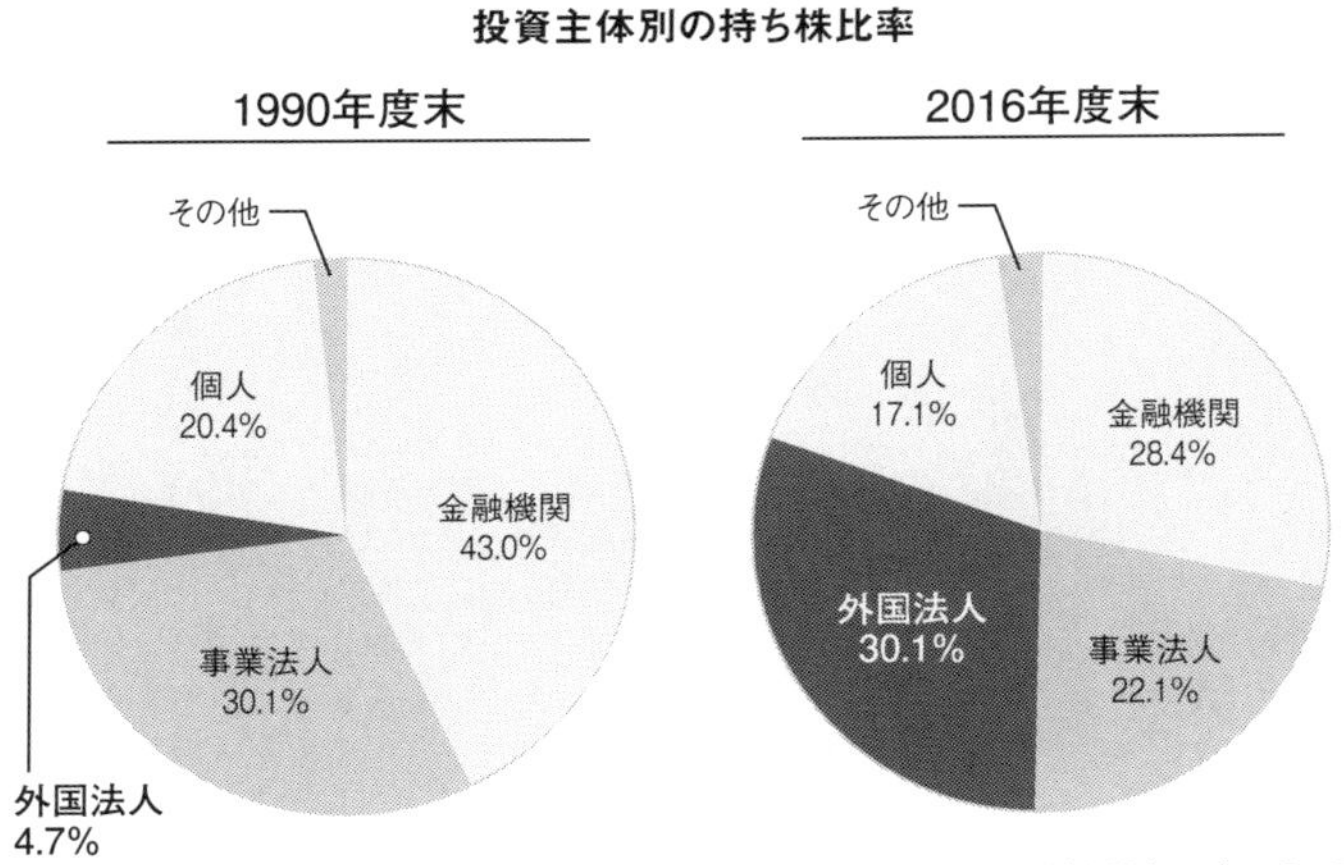

出所：日本経済新聞（2017年10月14日）

もちろん投資主体のなかで、外国人投資家が大きな割合を占めています。

このように国内における日本株の投資主体の持ち株比率は、一貫して低下しています。

2017年3月末時点で、日本の個人投資家の上場株式保有額は99兆4667億円と、100兆円を割りました。この時点で、個人投資家の持ち株比率は17・1％と、過去最低の水準に落ち込んでいます。

アベノミクス相場が始まった2012年から、個人投資家の持ち株比率は下がり続け、反転の兆しはまったく見受けられず、むしろ売りに拍車がかかっているのです。

売るべき株式が枯渇している！

日本の個人の金融資産は1800兆円を超えているわけですから、上場株式保有額が100兆円に満たないということは、日本の個人の金融資産のうち、株式が占める割合は5・5%だけなのです。その後、株価の上昇で、個人の上場株式保有額が現在は100兆円を超えてきたようですが、大勢は変わりません。

これでは株ブームなどほど遠く、またいくら株価が上がっても、個人にとっては恩恵が少ないわけです。

このような状況にありながら、株価の上昇ペースが速まってきたことには注目です。個人投資家も、生損保も都銀・地銀も、無尽蔵に株式を保有しているわけではありません。残念ながら、今後も「株売却ブーム」は続くでしょうが、いずれ売るべき株式が枯渇してきます。

だんだんと売り物が枯渇してきたからこそ、株価の上昇ペースが速まってきたとも言えるのです。

株価が下がると、日銀がコツコツと日本株のETFを買い続け、そのETFは売らないの

図5　企業の持ち合い株比率は低下している

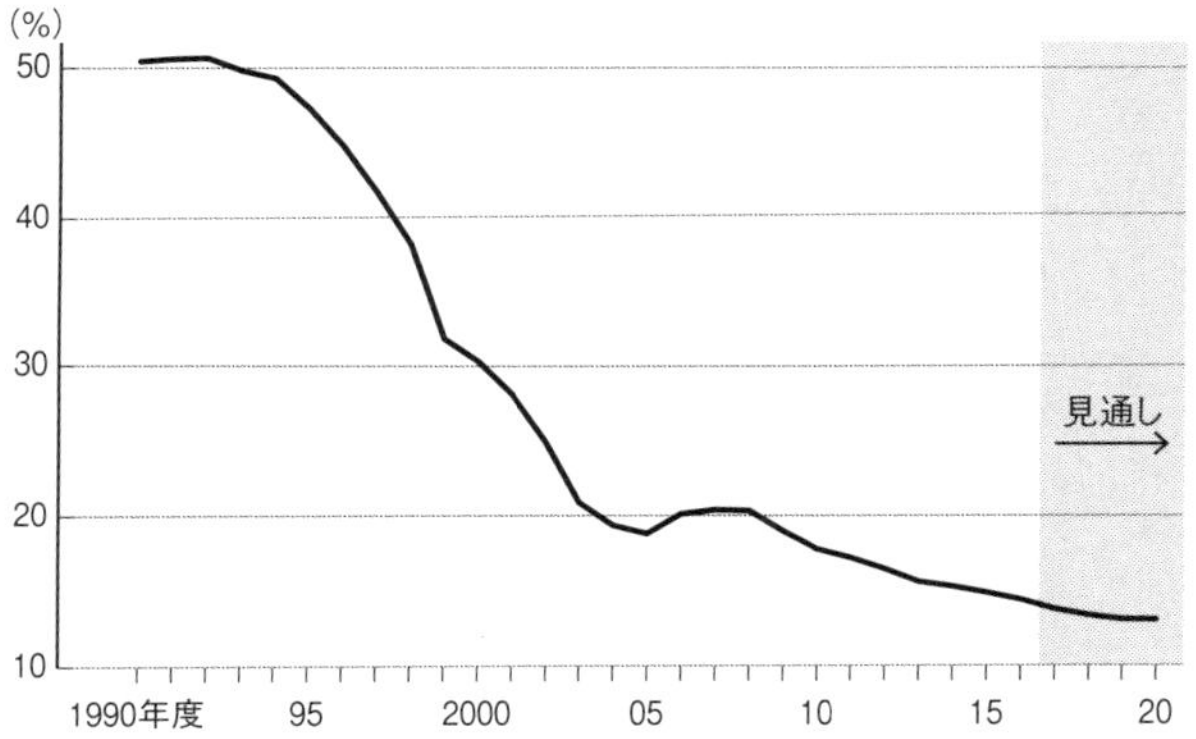

（注）野村證券調べ。子会社、関連会社株を除く

出所：日本経済新聞（2017年11月8日）

で、ますます株式は売り物が少なくなっていきます。

図５の企業の持ち合い株比率の一貫した低下傾向をみてください。

企業の持ち合い状況は、１９９０年の50％から、２０１７年には15％程度にまで低下してきています。

企業間では、どうしても保有しなければならない株式もありますし、また最近は企業が莫大な現金を保有していますので、その現金を効果的に使って株主に還元していくという観点から自社株買いもブームになっていますが、企業の株売りもいよいよ峠を越えてきたように思えます。

株を持たない人に未来はない!

もう一つ、重要な点を指摘しておきます。それは、株式の発行が極端に減少してきたということです。

かつては資本市場で、積極的に株式の発行が行われてきました。そもそも株式市場は企業の資金調達の場でもありますから、企業は積極的に株式を発行し、公募などを通じて市場から資金を調達してきました。ですから市場に出回る株式は、増え続けるのが当たり前でした。

ところが現在は、微妙に情勢が変わってきたのです。

先に書いたように、日本企業は過去最高の利益を叩きだしています。

しかし企業は、そのあり余った資金の使い道に苦労しています。設備投資も行っているものの、あまりに莫大な儲けがたまっているので、使い道に困るわけです。

そのため現在は、企業が公募などを通じて発行した株数と、自社株買いによって減らす株数を比べると、減らす株数の方が多くなってしまったのです。

そして図6のように、市場に出回る株式は年々減少しているのです。

かように発行される株も減り、売る主体も売るべき株がないのですから、日本株は下がりようがなく、逆に暴騰していく可能性もあるわけです。

図6　世界的に株式の発行数は減っている

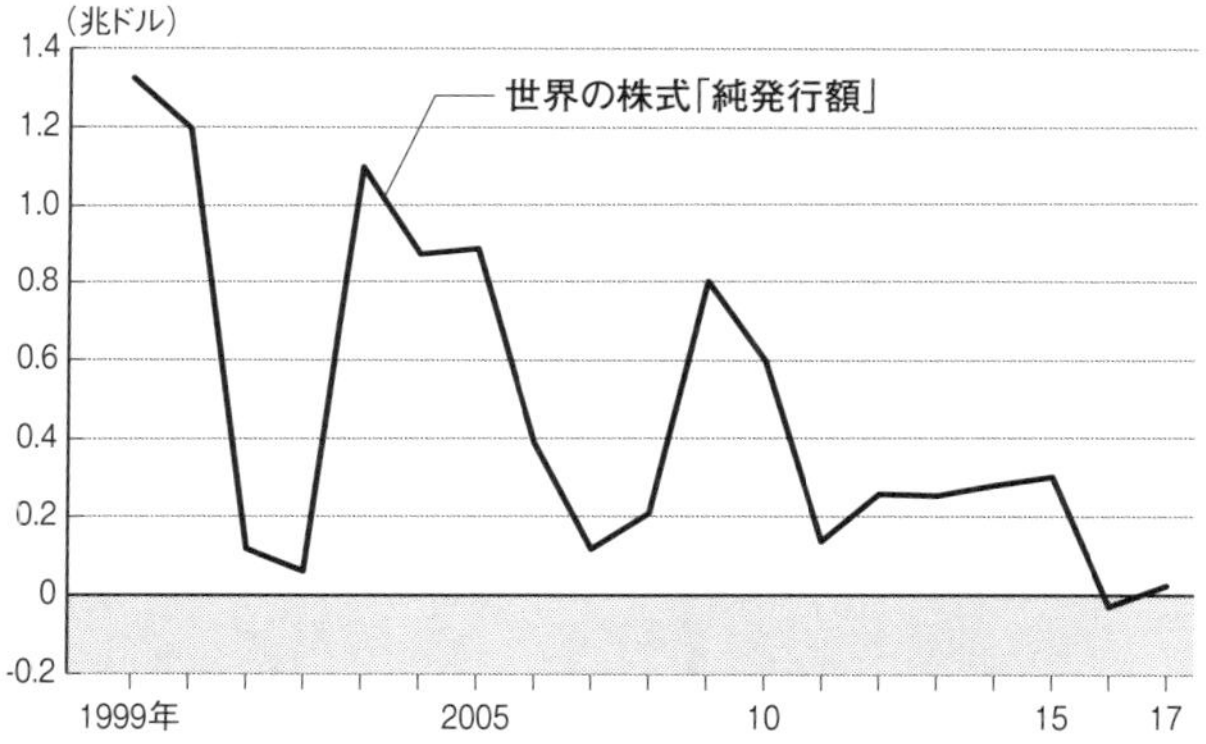

(注)JPモルガンが「MSCI ACワールド指数」の構成銘柄を対象に試算。2017年は10月現在

出所：日本経済新聞(2017年11月15日)

ちなみに日本がバブルだった1989年には、企業の株式発行はブームで、1年間で25兆円もの株式が発行されました。

企業は発行した株式によって資金を取得し、株式市場に投入していたのです。

バブル時は株の発行が爆発的に増えたわけですから、本来なら供給が過剰になった株価が下がってもおかしくなかったのに、株価は上がり続けました。当時、株価が下がるときがくるとは誰も思わなかったのです。

反対に、現在は株式の供給が減っているわけですから、本来多くの人がそれに気づいて株価が上がると判断すべきですが、逆に日本人のほとんどは株価が下がると思って、持ち株を売り続けているわけです。

それでも株価が上昇し続けているわけです

から、今後日本の株価は相当上がっていくはずです。

そして、ついに日本経済において「デフレからインフレへ」の波が訪れてくる可能性があります。

いざ、インフレ率が上昇しても、日銀は量的緩和政策を突如、やめることなどできません。国債の買い手は、日銀だけです。その日銀が国債を購入するのをやめては、誰が国債を購入するのでしょうか？

結局、日銀は国債の購入を徐々に減らすことぐらいしかできません。インフレ目標が達成できても、量的緩和をやめないのであれば、金利は上昇しません。したがって、株式投資はますます有利になっていくでしょう。

やがてくるインフレ時、現金の価値が目減りする事態になったときに株式を買おうとしても、現在よりはるかに高くなっていて、手が出せないと思われます。

株式を保有していない人に未来はないのです！

「日銀が買うのをやめれば暴落する」は大間違い

再三指摘してきたように、日本人は基本的に株嫌いの傾向があり、またバブル崩壊後の株価の超長期低迷を経験してきたため、余計に株式市場に対して悲観的な見方をするようになりました。

有識者と言われる人たちや、マスコミに頻繁に登場するようなオピニオンリーダーたちも、株価の上昇に対して否定的な見解を持っていることが多く、それを世間に堂々と公表するので、一般の人々は「株は怖い」「株価は暴落する」というような考えに凝り固まっていくのです。

たとえば現在、日銀は年間6兆円、株式を購入していますし、2014年からはGPIFが株式を大量に購入しています。

結果として、日銀とGPIFが購入している日本の株式の総額は56兆円に及びます。となると、仮に日銀とGPIFが購入していなければ、日本株は現在のような日経平均2万4000円（2018年1月18日現在）という水準ではなく、1万5000円を割るような低迷状態に陥っていた可能性もあるように思えます。

要するに日本の株式市場は、公的な資金に支えられてきた官製相場であって、実態を反映していない、仮に日銀とGPIFの買い支えがなければ大暴落していたはずである、というわけです。

そして、このような考えはマスコミを通じて広く指摘されていますので、多くの日本人が株式市場に不信感を抱き、相場の先行きに不安を覚えるのも当然でしょう。

とにかく影響力のあるテレビのコメンテーターや専門家のほとんどが、株式市場の先行きに対して懐疑的で弱気なのです。彼らは非常に優秀であり、多くの専門知識を有しています。ですから余計に人々に影響を与えてしまうのです。

しかしながら、彼らは株式の専門家ではありません。相場とか市場を深く理解していないことが多いのです。

リーマン・ショックの再来はあり得ない

また、リーマン・ショックの再来などということもあり得ません。

第一、リーマン・ショックという言葉がいとも簡単に使われるのですが、本当にその実態を知っているのか、疑わしいです。

現在の朝倉慶があるのは、リーマン・ショックを正確に予測したからです。無名だった朝倉慶は2008年の初めから、米国における金融状況を詳細にレポートし続け、株価の世界的な大暴落は必至で、米国の銀行はゴールドマン・サックスを除いてほとんど倒産状態にあることを予想し、それが的中したわけです。

あのとき、米国の銀行は実質ほとんど倒産していました。そのような状態は、現時点では起こり得ません。米銀の財務体質は、かつてないほど盤石です。また日本の銀行の財務体質も、かつてないほど盤石です。

銀行だけでなく、日本の企業の約半分が無借金で、財務体質は銀行と同様、盤石なのです。かような状態では、リーマン・ショックの再来など起こるはずがないのです。

リーマン・ショックを振り返ってみましょう。これは、米国の住宅バブルがきっかけとなって起こった、歴史に残る出来事となりました。

当時、米国ではデリバティブ(金融派生商品)を駆使した債務担保証券(CDO)、住宅ローン担保証券、さらに倒産保険とも言えるクレジット・デフォルト・スワップ(CDS)が、銀行によって山のように売りだされていました。

デリバティブの想定元本は6京円(1兆円の6万倍)に及んでいて、リーマン・ショックでは、この山が総崩れしたのです。

そもそも、世界に6京円などというお金は存在していないのに、これだけの取引がなされ、不良債権化したわけです。その一端がリーマン・ブラザーズの破綻でした。

米国では住宅価格は値下がりすることはなく、永遠に上がり続けると思われていました。そして、デリバティブの債券をつくるために、不良債権化のリスクがあるサブプライム（低所得者層）のローンを組み込む必要がありました。そのためウォール街では、デリバティブの債券をつくるために、サブプライムローンを借りて家を建てる人が必要だったのです。

しばらくの間は、サブプライムローンを借りて家を買った人のなかで、お金が返せなくなった人は一人もいませんでした。住宅価格が値上がりしていたからです。

こうしてサブプライムローンは爆発的な拡大をしていきました。

ウォール街では、サブプライムローンを借りたい人を一堂に集め、たとえば500人がローンを借りたいと申請すれば、その場ですべての人に住宅ローンを貸したわけです。審査など実質、皆無でした。お金がなくともローンを組んで、家さえ買ってしまえば、あとは値上がり益により、借りたお金を返せなくなることはありませんでした。銀行も貸付金を取りっぱぐれることはなかったのです。

住宅は年々、値上がりし続けました。膨れ上がった住宅市場が崩れ始めたのは2007年からで、それが翌年のリーマン・ショックにつながったのです。

ジョージ・ソロスは、バブルの崩壊ではなく、「スーパーバブルの崩壊」と表現していましたが、大量に発行されたデリバティブの債券はあらかた不良債権化し、米銀のほとんどが倒産状態となったわけです。

リーマン・ブラザーズは負債総額63兆円で破綻しました。驚くべきはその翌日で、世界一の保険会社であるAIGが経営危機に陥ったのです。リーマンの破綻によって、それを保証していた額の支払いができなくなったからです。

かように米銀は、次々に連鎖的な倒産に見舞われました。そこでFRBはリーマンを倒産させた翌日、AIGに対して約9兆円の融資を一夜にして決めたのです。

リーマンの破綻も凄いですが、その翌日のAIGの破綻も強烈です。すべて鎖のようにつながったデリバティブの輪がおかしくなったことで、米国の金融システム、ひいては世界の金融システムが崩壊したわけです。

AIGは9兆円でも足りず、その後、総額19兆円の融資を受けました。さほどにリーマン・ショックは世界を震撼《しんかん》させる破壊的な出来事だったのです。

現在、このような状態はまったくありません。米国政府もFRBもリーマン・ショック後、監督を厳しくし、さらに米銀は自己資本を大きく積み増し、デリバティブ取引も大きく縮小しました。

現在の米銀の財務体質は、かつてないほど盤石で、経営が揺らぐことはあり得ません。

株式市場が大暴落するときは、おおむね金融危機など、銀行の問題が前面に出てきた場合です。1929年の大恐慌も、株の大暴落によって銀行がつぶれ、それが米国全土に波及していったのが大きな原因です。

また1997年以降、日本でも三洋証券の倒産から始まり、北海道拓殖銀行、山一證券、日本長期信用銀行、日本債券信用銀行、日本興業銀行と、銀行、証券会社の倒産ラッシュとなりました。

このときも株価が暴落しましたが、当時の日本の不良債権の総額は100兆円とも言われていました。

株価の大暴落は、バブルの崩壊から金融危機が拡大したときに起こるものです。

現在は、日本の銀行の不良債権の額は7兆円程度と言われており、まったく問題にならない額です。

しかも日本企業は、バブル時の巨額の借金に懲り、財務体質を改善し続けてきました。結果、現在では、どの企業も現金が必要以上にたまるようになり、融資を受ける必要もなくなっています。

かように日米の銀行も企業もお金が大量に余っている状態であり、金融危機など起こりようがないのです。

「デフレからインフレへ」は日本の国策

日銀は年間6兆円にのぼる、株式のETFの買い付けを行っています。

これに対しては賛否両論で、さまざまな意見が出ています。おそらく今後、金融政策を変えていく過程において、一番のターゲットになりそうなのは、ETF買い付け額の減少でしょう。株価も十分上がってきたし、もう日銀が株式を買い続ける必要はない、という意見が多数派になると思います。

日銀としても、ETFの買い付け額を一気に減らすわけにはいかないでしょうから(市場にショックを与えて株価が暴落しては、そこまでの政策効果が水泡に帰すため）、たとえば2018年のどこかの時点で、6兆円から4兆円に減額するというような政策変更はあるかもしれません。

日銀はイールドカーブ・コントロール（長短金利操作）という名の下に、国債を年間80兆円購入すると宣言しながら、国債の購入額を減らしているわけですが、これと同様、年間6兆円のETFを購入すると言いながら、徐々に減らしていく可能性もあります。

日銀によるETF買い付けの副作用については、広く指摘されています。というのも、かつて日銀は、日経平均のETFばかり購入していたので、日経平均採用銘柄ばかりが上がるという、相場の偏向が起こっていたからです。

日銀はそのような批判を踏まえ、2016年8月からはETFの買い付けを3兆円から6兆円に増やすとともに、日経平均型だけでなく、トピックス型も買うようになりました。

この変更はうまくいき、株価の動きの偏りはなくなりました。これがその後の堅調な相場に貢献したことは間違いないでしょう。

日銀のETF買い付けの副作用として、日銀が実質的な大株主になってしまう企業が増えているという問題があります。

債券であれば償還がありますから、いくら購入しても、いずれ償還とともに減っていくので、将来的な問題は起きないわけですが、株式を購入した場合は、市場で売るしか減額するための手立てがないので、大量に購入した株式の処分が難しいと言われています。

実際、日銀が大株主になる銘柄が増えています。日銀が２０１７年11月28日に発表した４~９月期決算によると、日銀の持つＥＴＦの保有時価が20兆３０００億円で、含み益は過去最大の４兆２０００億円に達しているとのことです。

これは９月末時点ですから、その後ＥＴＦの時価と含み益は、さらに拡大しているはずです。


日銀が実質的な大株主になっている銘柄をあげると、２０１７年６月末時点で、１位はアドバンテストで発行株数の16・９%、２位はユニクロを展開するファーストリテイリングで15・４%、３位は太陽誘電で14・５%、４位はＴＤＫで13・９%、５位はユニー・ファミリーマートＨＤで13・７%と続きます。

これらの日銀の持ち株比率は、ますます拡大していくわけです。

日銀は株主として企業側に注文をつけるわけでもなく、たとえ業績が悪くても、ＥＴＦを通じて、自動的に企業の株式を買うことになるわけですから、株価の形成に歪《ゆが》みを生じさせてしまいます。

また株価が下落すれば、日銀が膨大な損失を被るとの指摘もあります。

ファーストリテイリングでは、日銀が、創業者で筆頭株主の柳井正氏に次ぐ大株主となっているという問題も指摘されています。

特に市場に出回る浮動株の少ない銘柄においては、日銀の保有比率が上昇する傾向にあるわけです。

日本経済新聞社の独自推計では、上場する３６７５社のうち、日銀が上位10位以内の大株主になった会社は８３３社にのぼるということです。

これに対して日銀は、「ＥＴＦ購入は、２％の物価目標達成のための長短金利操作付き量的・質的緩和の一環で、あくまでインフレ率が２％に達するための手段として行っている政策という立場であり、日銀の保有額は株式市場の３％程度で、個別銘柄の株価に偏った影響が生じないように工夫している」と反論しています。

専門家やマスコミの多くが指摘するのは「日銀のＥＴＦ購入が減額されれば、日本株は暴落する」という懸念です。

しかし、これらの指摘には強い違和感を覚えます。「デフレからインフレへ」は日本政府、並びに日銀の強い意志に基づいて行われている、日本の中心的な国策だからです。

日銀によるETF購入が株の暴騰要因

ですから日銀の言う通り、インフレ率を引き上げるための一環として、株式のETF購入が行われているわけです。世界中を見渡して、中央銀行が株式を購入している国など見当たりません。

それだけ日本政府も日銀も、極めて強い意志の下、この政策を断行しているわけです。

そもそも、中央銀行が株式を直接購入するような大胆な政策を取っているのであれば、「株価が暴騰してしまう」という懸念を持つのが当たり前ではないでしょうか?

日銀は円紙幣を印刷できるので、やる気になれば、どこまでも株価を上げることができます。現在年間6兆円の購入を、仮に年間60兆円購入すると宣言して、それを実行すれば、日経平均は瞬く間に10万円を超えるでしょう。

このように日銀はおっかなびっくり、実験的な政策を行ってきたわけですが、結局は株価を上昇させることによって、インフレ・マインドをつくりだすことを狙っているわけです。

株式市場に対する、あまりに弱気な見解は、完全なミスリードとしか思えません。

本来は「日銀が株式を購入するのだから、安心して全国民が株式を買うべき」と論評すべきでしょう。

円紙幣を無尽蔵に印刷できる日銀が本気になったら、株価が上がらないということはあり得ません。無理にそんなことを行えば、円相場が暴落するかもしれないので、そこまでやるとは思えませんが、日銀が株式購入の額を拡大させていけば、間違いなく株価は高騰するでしょう。

たとえばFRBが「株式を年間30兆円ずつ購入する」とでも宣言したら、どうなると思いますか?

必然的に米国株は暴騰的な上昇となるでしょう。それだけ中央銀行が株を購入する、それも継続的に行うというインパクトは強烈なのです。

そして冷静に考えれば、日銀が買い続けて株式が少なくなれば、暴落よりも暴騰の可能性の方が高いはずです。

また日銀のＥＴＦ買い付けにより、将来的には株価が暴落し、日銀の財務に膨大な損失が生じるという懸念も多く見受けられます。

しかしながら、この意見も的外れとしか思えません。かつて１９６０年代、証券不況のときに政府は、共同証券を設立して、株価を数年にわたって買い支えました。たまった株式は、共同証券のスポンサーであった銀行や生損保などに引き受けてもらったわけです。

引き受けた銀行や生損保は、市場で株式を売却することはありませんでした。それにより株式の持ち合いとなって株式の供給が薄くなり、その後の１９８０年代末のバブルを生みだしたのです。

かように日銀が買い取った株式は、将来的には市場に影響を与えないよう、静かにどこかに渡るものです。大量に購入した株式を、日銀が市場で売却し続けるというようなことはあり得ないと思っていいでしょう。

国債の暴落は避けられない！

かつて共同証券による後始末で株式の持ち合いを引き起こしたように、今回の日銀によるETF買い付けの後始末は、1980年代のバブルを生みだしたような状況に発展していくでしょう。

繰り返しますが、日本政府も日銀も、不退転の覚悟で「デフレからインフレへ」誘導しようと必死なわけです。日銀が購入したETFの将来的な損失に頭を悩ませる前に、日銀が400兆円も保有している国債の暴落の方こそ気に掛けるべきです。

最近、日銀は、国債の暴落に備えて引当金を積んでいますが、そんな額で足りるわけがありません。「デフレからインフレへ」に持っていけば、金利が上がるわけですから、暴落するのは債券相場、まさに日銀が膨大に保有している国債こそが暴落するのです。

そして、そのときはまさに「デフレからインフレへ」で、株価が暴騰するという構図です。

こうして日銀は将来、国債で膨大な損失を被るわけですが、その損失を株価の暴騰によって、ある程度は埋めることができるわけです。

それでも国債の購入額は400兆円で、株式の購入額は時価で24兆円程度です。

現在、日銀の国債購入額は株式購入額の20倍近いですから、国債が暴落した損失を、株価の高騰で埋めることはできないと思われます。

それでも「デフレからインフレへ」ですから、日銀の財務は株式を保有していることで、いくばくかは救われるわけです。これが将来の姿です。

現在のGPIFの運用成績をみれば、将来の日銀の姿が想像できるというものです。

日銀の財務や、株式購入の是非を考える前に、国債の購入額と、将来確実に起こるであろう国債暴落による日銀の財務悪化を予想すべきであって、この点だけ考えれば、日銀はもっと株式を買うべきということになるでしょう。

このような考えを、極端だと思う人もいるでしょう。

しかし、近い将来、「デフレからインフレへ」の下、インフレ率が本当に上昇してきた場合、日銀が国債購入をやめられるとは思えません。

インフレが加速すれば、株価が上がるので、国債など債券を購入する投資家は極端に減っていきます。そこで、日銀が国債購入を大きく減額したり、やめるようなことがあれば、国債は買い手がゼロとなって暴落し、金利急騰という、とんでもない世界に突入してしまうのです。

それを何とかして阻止するよう、政府サイドからも圧力がかかるでしょうし、金利高騰（国債暴落）を止めないわけにはいきません。結局、日銀は究極的には国債購入による量的緩和をやめることができないのです。

こうして遠くない将来、インフレが加速しても、日銀は国債暴落（金利暴騰）を許容できず、低金利を維持させるために必死になることでしょう。

これにより株価は、青天井に上がっていく可能性があるわけです。国債の暴落を防ぐために、株価の暴騰を許容することこそが、ソフトランディングなのです。

黒田総裁は「出口論は時期尚早」と言いますが、そもそも出口などあるわけもありません。永遠に量的緩和を続けるしか、国債の暴落を防ぐ手立てはないはずです。

量的緩和を否応なく続け、それによって何かが起こったとしても、金利の急上昇（国債暴落）を力ずくで抑えるわけです。

こうすれば好景気になっても金利は上がらず、結果的に株価の上昇が止まらなくなるわけです。

これこそが、日本の量的緩和政策の終着点なのです！

こうして日銀は国債で膨大な損失を抱えても、株価の暴騰によって財務は救われるというわけです。

同時に日本の財政も救われます。円相場が下落したとしても、日経平均が4万円、6万円、8万円……と上がっていき、株式市場の時価総額が1200兆円、1800兆円、2400兆円となれば、企業業績も円ベースでは拡大するので、税収も爆発的に増え、財政問題も解決するからです。

かようなソフトランディング・シナリオ以外に、日本の財政問題を解決する方法があると思いますか？

消費税を30％まで上げることなどできるわけがありませんし、国民が許してくれません。

インフレにして借金を返すのは、国家として当たり前のことです。それを日銀も政府も懸命にやり続けています。

今、やっと流れがきたわけでしょう！　まさにその方向に行こうとしている現在、株を買わない人に未来などないのです。

国債の金利がとうとう上昇しだした

世間には、「国債が暴落すれば、株も暴落する」と勘違いしている人が多すぎます。仮に国債、円相場、株式が同時に暴落すれば、ただのような値段で、日本企業すべてが購入できることになります。そのようなことはあり得ません。

日本企業はグローバルに展開しているわけで、海外でも大きな利益を上げています。それはドルベースの利益でもあります。

そして、日本国債の暴落が起こった場合、円相場も暴落するので、日本円でみた企業価値が暴騰する、つまり株価が暴騰するのは当然です。

日本株がこれだけ上昇したのも、米国株をはじめとする世界的な株価の上昇で、外国人投資家が大挙して日本株を買い始めたからでしょう。

ここで、世界的な株価の上昇について考えてみましょう。昨今の株式市場の上昇ぶりは、あまりにペースが速すぎて、「バブルの匂いがする」と感じる人も多いはずです。

NYダウをみても、2017年初頭に2万ドルに乗せて以降、1年も経たないうちに2万6000ドル台に達しています。過去にない記録的な上昇幅とスピードです。

トランプ大統領は、「我々はとても大きなバリアーを突破した。大統領の任期である、2期8年をかけても突破できないと言った人もいたのに、11カ月でやってのけた！　我々の次の節目は3万ドルだ！」と上機嫌です。

なぜ、これだけハイペースで株価が上昇するのでしょうか？　もちろん企業業績も好調で、世界的に好景気が続き、AIやロボット、IoT、電気自動車、自動運転など世界中で新しい技術が次々と開発されていることも一因です。

ただ、それを考慮したとしても、上昇ペースがあまりにも速いわけです。

基本的に株価は、需要と供給の関係で決まるわけですから、大量のお金が断続的に株式市場に投入されていることになります。

それでは、巨大な投下資金はどこからきているのでしょうか？

一つには、量的緩和によって膨大に投入された資金が、回り回って株式市場に本格的に投入されるようになった。もう一つには、債券（国債）市場に流れていた資金までもが株式市場に流入してきた、と捉えるべきだと思います。

主な資金供給元は、債券市場です。しかも、この勢いは最近のことで、今後この流れはさらに本格化し、世界的に株価は想像を絶するほど上昇していくと思います。

図7　2016年7月に長期金利は大底を打った！

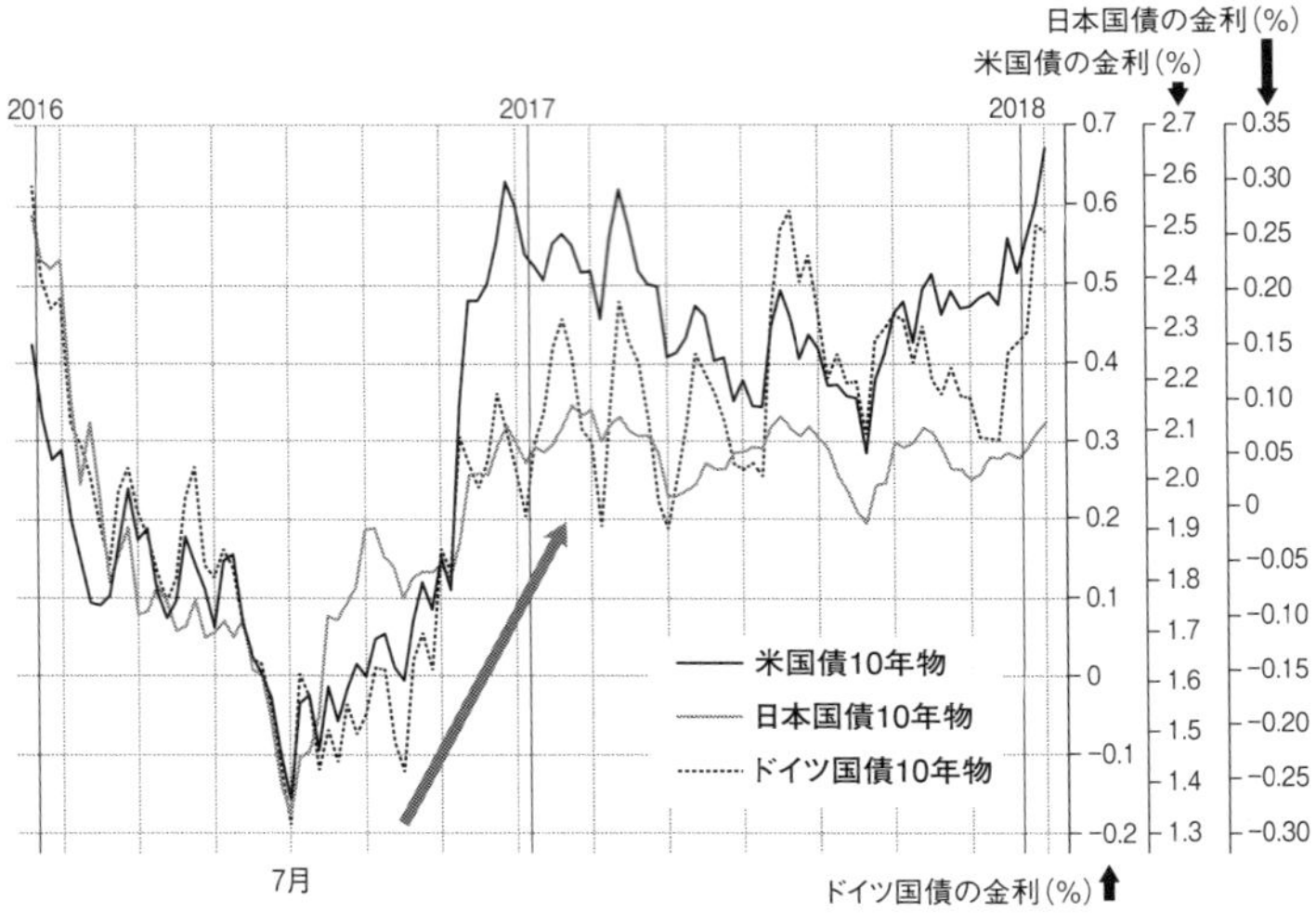

※2016年1月4日を起点とした比較

出所：QUICKを参考に作成

次に世界の債券市場の推移をみてみましょう。

量的緩和とは、中央銀行が国債を購入する政策です。

先に書いたように現在、日銀は年間80兆円の購入と言っていますが、現実には年間60兆円程度の買い付け額になっています。

一方で、日銀によるETFの買い付け額は年間6兆円であり、国債購入額は、その10倍という驚異的な水準です。

FRBは、2017年の9月にバランスシートの縮小に着手したばかりで、現段階では国債の保有額はほとんど減少していません。

ECBは2018年の9月まで量的

図8　2016年7月から株は上昇へ！

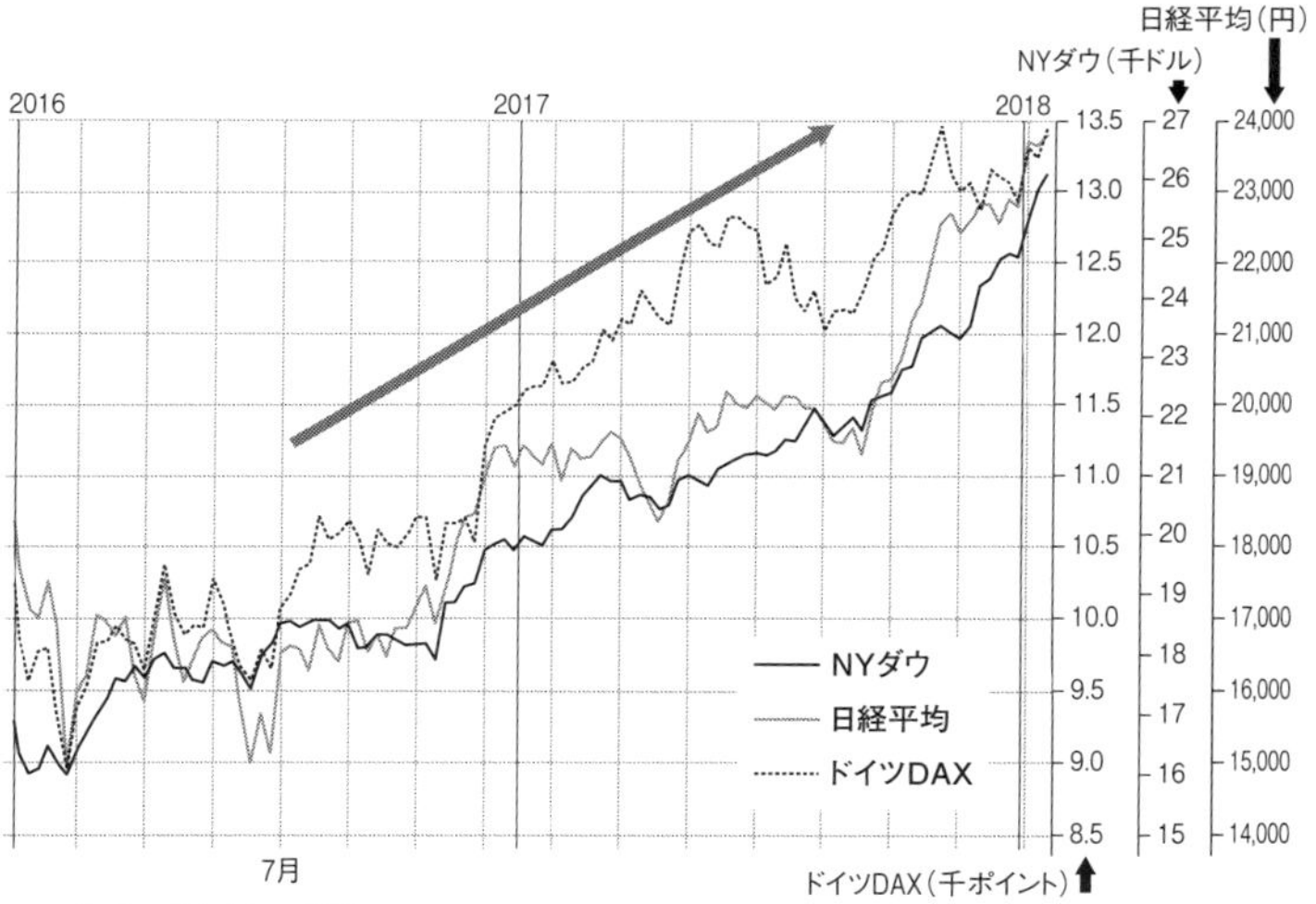

※2016年1月4日を起点とした比較

出所：QUICKを参考に作成

緩和政策を続ける予定で、いわば国債の買い付けはまだ続いています。しかしながらFRBもECBも、金融政策の出口にはたどり着いているわけです。

そこで日米独の長期金利（10年物国債）の推移を図7でみてみると、ちょうど2016年7月の時点で金利が底を打って上昇（国債価格が下落）し始めたことがわかります。

2016年7月8日時点で米国債10年物（長期金利）は1・36%、ドイツ国債10年物（長期金利）はマイナス0・19%、日本国債10年物（長期金利）は7月27日の時点でマイナス0・29%と歴史的な低金利になりました。

ここが世界的な金利下落のピークなの

です。

この時点でのNYダウは約1万8000ドル、ドイツDAX指数は約9500ポイント、日経平均は1万6000円近辺でした（図8）。ここを底にして、米国株をはじめとする世界的な株価の一本調子の上昇が始まったのです。

国債価格が歴史的な天井を打った、言い換えると、世界的な低金利が終わり、量的緩和政策の限界がみえたということでしょう。

そして日銀が動きました。2016年9月、日銀は事実上、マネーの量を増やす政策を放棄したのです。日銀は政策を変更し、量から金利をターゲットにするということで、イールドカーブ・コントロールを採用しました。これにより、マイナス金利をこれ以上、深掘りはしない、これ以上の低金利は許容しないということを世界に向けて宣言したわけです。このメッセージは「債券価格を天井打ちさせる！」ということです。

国債から株への資金移動が始まった！

また、GPIFは国内外の株式を50％、国内外の債券を50％として運用しています。これは世界的に標準的な資産運用のやり方でもあります。要するに資産運用という観点から言えば、「株を買うか、債券（国債）を買うか」、２つに一つしかないわけです。

しかしながら２０１６年７月から９月にかけての一連の流れで、世界的な債券（国債）価格の天井がはっきりしました。いわば金利は世界でこれ以上、下がることがないと宣言されたわけです。

となると今後は、基本的に世界中で金利を引き上げていくわけです。

もちろんその引き上げ速度は極めてゆっくりで、現在ＦＲＢが行っているように０・２５％ずつ注意深く上げるわけですから、短期での相場変動は考えていないわけですが、それでも確実に金利は上昇していくわけです。

となれば投資家は、基本的に国債の購入を嫌うわけです（価格が天井を打ったものは買いづらい）。もちろん短期的な買い付けはありますし、少なくとも２０１６年の７月までは国債はどの時点で購入しても儲かったわけですが（金利が低下し、国債価格が上昇したから）、投資家としては、勢いよく国債を買い続けた手法を変えるはずです。

政策金利の引き上げは非常にゆっくりと行われますから目立ちませんが、世界的に資金が債券市場から逃げだし、株式市場に流れていくのは必至なのです。

ここで量的緩和という政策そのものについて考えてみましょう。どんな政策にも効果と副作用があります。これだけ効いた量的緩和策に副作用が出ないわけがありません。

そして、その巨大な副作用はこれから出てくるのです。

量的緩和政策における相場の流れとしては、中央銀行が大量の国債を購入することで、国債の価格を高くし（金利は低下）、本来のあるべき国債相場を極端に歪めてしまったわけです。言い換えれば、量的緩和政策によって強制的に低金利を維持してきたわけです。

日本の場合、日銀による国債保有額はなんと400兆円です。その国債の大半は日銀の当座預金に眠っているわけですが、世界的な傾向として、中央銀行が購入した膨大な国債の一部が、債券市場から株式市場に流れ始めたというわけです。

日米欧の中央銀行から流れだした資金が、ほんの少し債券市場から株式市場に移動しただけとはいえ、中央銀行の国債購入額があまりに巨額なため、結果として世界中でこれだけの株高を招いているのだと思います。

ＦＲＢは米国債を大量に購入していますが、世界中の投資家も同時に売り買いしているわけです。ＦＲＢが購入した国債は、市場を通じて売られ、どこかの投資家が購入し、その資金は超大手ＩＴ企業の株式になっているかもしれません。

かようにFRBが米国債を購入した資金は、市場というメカニズムを経て、どこかに流れているということです。

世界の株式の時価総額は1兆円の1万倍の約1京円に達していますが、債券市場はその倍近くの約1・9京円に達しています。

従来、世界の株式市場と債券市場の規模を比較すると、債券市場のほうが大きかったのですが、この10年ほどで債券市場の時価総額が爆発的に増えてきたようです。

これは日米欧の中央銀行が莫大な資金を投下して、日本国債、米国債、ドイツ国債をはじめとする欧州各国の国債を買い続けてきたからです。

日米欧の中央銀行のバランスシートは、現在14・3兆ドルと、10年前の3・6倍にまで膨れ上がっています。投下された莫大な資金が、資産価格を引き上げ続けていることは常に指摘されていますが、現在起こっていることは、国債から株への本格的な資金移動です。

このような仮定に立つと、今回の株高など、ほんの序章にすぎないわけです。

日米欧の中央銀行が購入した国債は、いまだ中央銀行の当座預金にほとんどが寝かせてあるわけですし、目立つほどの資金移動があるわけではありません。

しかしながら日米欧の中央銀行が、巨額の資金を投じて国債を購入し続けたことを忘れてはいけません。

それらの国債が、資金回収により中央銀行に戻って償却されるのであれば問題はないのですが、その国債が市場を通じていつの間にか株式に変わり、市場を席巻するようになった場合、株価の上昇は想像を絶するものになっていくわけです。

このような仮定に立てば、今後株価は相当に上昇すると思われます。おそらく2016年7月は世界的な株価暴騰に至る起点として歴史に残ることになるでしょう。

特に日本は量的緩和政策を最も長く、最も強烈に行ってきたわけですから、世界のなかで株価が最も上昇するでしょう。

2018年で平成の時代が終わります。まさに「平らに成る」時代は終わりを告げるのです。そして改元とともに、時代は一変します。

ついに「株価暴騰の時代」がやってくるのです。

第四章
米国経済はどうなるのか

イエレンの手腕はすばらしかった!

「イエレン氏は、かなりすばらしいレガシーを残して任期を終えることになりそうだ。失敗に終わったことは何もなく、今のところうまくいっている」

新債券王と言われるダブルライン・キャピタルのガンドラックCEOは、イエレンFRB議長の功績をたたえました。

実際にFRBの政策は、これまで完璧に機能しています。米国をはじめ、世界中すべての国が経済成長を成し遂げ、株式市場や経済指標なども好調に推移しています。

しかも、インフレは起きていません。トランプ政権誕生への期待で、2016年末からトランプ氏の経済政策に対しての期待は大いに盛り上がったわけですが、現実には期待された減税案や公共投資、米国企業が海外で稼いだ資金を米国に戻すための施策などは1年も放置され、2017年暮れになってやっと減税案が通るという有様で、トランプ政権は政策的にみると、期待されたほど機能していませんでした。

ところが2017年NYダウは、かつてないほどの順調な上昇基調となりました。

2017年1月25日に節目の2万ドルを達成すると、3月1日には2万1000ドルと、わずか1カ月強で大台替わりを達成。さらに8月2日には2万2000ドル台と、5カ月で次の大台を突破。10月18日には2万3000ドルと、今度は2カ月半でさらに大台を突破し、11月30日にはついに2万4000ドル台と、わずか1カ月半で、次なる大台突破となったのです。そして2018年1月4日、2万5000ドルになりましたが、勢いは止まらず、その後、立会日わずか6日間で2万6000円ドル台に突入したのです。

「もし民主党が大統領選で勝利していたら、株価は半分にすぎなかっただろう」とトランプ大統領は自画自賛しました。マスコミには叩かれて評判はイマイチですが、やはりトランプ大統領の功績も評価すべきでしょう。特にビジネスフレンドリーで規制に対して緩和政策を貫いたのは、米国経済にとってよかったと言えます。

とはいえ、トランプ大統領よりも、FRBの政策の巧みさが米国経済、ひいては世界経済を牽引してきたことは否めません。

2014年2月、FRB議長に就任したイエレン氏は、翌2015年12月に一度目の利上げを行い、次は1年後の2016年12月に二度目の利上げを行いました。さらに2017年になると3月、6月と連続して利上げを行い、9月にはバランスシートの縮小に着手しました。

そして12月にも利上げを実行。この間、市場には動揺もなく、株価は上昇し続け、実体経済も極めて好調に推移するという、ほぼ完璧な経済運営でした。

中央銀行の政策は、緩和するときよりも、引き締めに入るときの方が数段難しく、経済的な摩擦も起こるわけです。

それにもかかわらず、イエレン議長は就任してから巧みな金利引き上げを行い、さらにFRBを去るに際して、バランスシートの縮小という最も難しい課題にも手をつけたことは高く評価されるべきだと思います。

パウエルは金利をうまくコントロールできるのか

かように見事な手腕を発揮したイエレン議長でしたが、一方、新しいFRB議長のパウエル氏は、どのような人物なのでしょうか。

パウエル氏は2012年にFRB理事に就任しました。父親の方のブッシュ政権のときには財務次官でしたが、投資ファンドの共同経営者を務めていたこともあります。

パウエル氏は資産家で、一説には日本円で100億円を超える資産を保有しているとも言われています。また元々、法律の専門家で、ＦＲＢ議長にエコノミスト以外の人材が就くのは40年ぶりのことです。

パウエル氏自身、高名な経済学者でないため、ＦＲＢ内の意見を集約して決断をするのは、意外に難儀かもしれません。

経済学者で、それなりの強い信念を持っていれば、海千山千の経済学者や専門家が集っているＦＲＢの内部においても、リーダーシップを発揮できるでしょうが、「自分より知識が上回っているかもしれない」経済学者たちの意見をまとめて集約し、新たな重要な決断をしていくのは、想像以上に難しい作業だと思います。

ＦＲＢ議長は米国経済の司令塔であり、ひいては世界経済の司令塔でもあります。今後のパウエル新議長の手綱さばきは期待もされますが、懸念も残るところです。

特に今年は、米国で減税が実施されるので、景気が過熱していく可能性があります。

金利が上がらないのが謎、とパウエル新議長も指摘していますが、永遠にこのようなことが続くとは限りません。どこかでインフレ率が上昇し始め、政策金利の引き上げを急ぐ必要も出てくるはずです。

このような想定外の金利上昇が起こることが、今後の一番のリスクでしょう。

市場が懸念しているように、景気が程よい状態で推移し、金利が上がらないのであれば、FRBとしては金利引き上げを急ぐ必要もないですから、その場合は株価が下がることもありません。

ところが、景気が過熱し、金利が上昇してくると、今までの順調な株価の上げ基調に黄信号がともる可能性もあります。

具体的には米国債10年物、いわゆる米国の長期金利が3%を超えてくると、市場は身構えるかもしれません。

金利がどこまでも上がり続けると、株価にとってもネガティブです。長期金利3%という水準が絶対的な危険水域かどうかは何とも言えませんが、2018年は、米国の長期金利が3%を超えてくるかどうかが焦点になります。

3%を超えてきた場合は、さすがに上げ続けてきた米国株も調整に入るでしょう。

いずれにしても、イエレン議長は市場にも大きな信頼感を持たせていましたが、新議長のパウエル氏は、まだ市場に認知されている状態ではありません。

そのようななかで市場が混乱したり、株価や金利の乱高下が起こると一大事です。

当面は米国の株価や金利に、大きな変動はないと思われますが、米国の長期金利には注意が必要です。

米国株の好調も続く！

とはいえ、金利上昇で株価が下げトレンドに変化する、と必要以上に懸念することはないでしょう。というのも、金利が到達すると思われている上限の絶対水準が低いからです。

これまでの米国株の急落のケースは、ＩＴバブルの崩壊とリーマン・ショックですが、このときの政策（短期）金利はかなり高い状態でした。

２０００年のＩＴバブル時の政策金利は６・５％、リーマン・ショック前の２００７年の政策金利は５・２５％です。バブル崩壊とともに高金利が米国株の暴落を引き起こしたのです。

ところが現在の政策金利は、いまだ１・２５％にすぎません。さらに今後０・２５％ずつ４回上げても２・２５％にすぎません。現在の金利のレベルは、２０００年と２００７年当時とはまったく違うのです。

また、ITバブル崩壊時とリーマン・ショックの前に、実際に起こったことですが、「政策金利である短期金利が市場が決める長期金利より高くなると、若干、間を置いて景気後退に陥り、株価が急落する」と言われています。

つまり、現在の米国の長期金利が2・4%近辺ですから、仮にFRBが今年3回利上げして来年も数回利上げをすると、その時点で長期金利が大きく上がらなければ、長期金利と短期金利の逆転が起こる可能性があるのです。そうなると、株価が反落し始めるというわけです。

長期金利と短期金利が逆転すると、なぜ景気後退に陥り、株価が急落するのでしょうか？短期金利はFRBなどの政策当局が決めるわけですが、長期金利は市場が決めるものです。したがって、短期金利が長期金利より高くなるということは、金利の引き締めのやりすぎというわけで、景気後退を招くことになるのです。

慎重なFRBが、ここまでやるとは思えません。

また長期金利と短期金利の逆転は、金融機関の貸出姿勢にも影響を及ぼします。というのも、一般的に銀行は短期で資金を調達し、長期で貸しており、長短金利の差で儲けているからです。したがって長短金利が逆転すると、銀行の儲けがなくなり、貸出の萎縮が起きてしまうのです。

ＦＲＢは現在、非常に難しい金融緩和の出口政策を行っているわけで、株式市場の動きに対しては特に注意を払っています。

暴落を起こすような高金利にまで持っていくとはとても思えず、多少の調整はあるにせよ、米国株が大きく下がることがあるとは思えません。ＦＲＢとしても、２０００年と２００８年のバブル崩壊の記憶も鮮明なので、政策遂行は慎重に行うはずです。

そういう意味でも、世間が懸念しているような米国株の暴落は起きようがないのです。

アマゾンが世界を支配する日

『フォーブス』のリアルタイム世界長者番付で4年ぶりに首位が交代しました。アマゾンＣＥＯのジェフ・ベゾス氏が首位に躍りでたのです。

２０１７年、米ナスダック市場では「ビッグ5」と呼ばれる、アップル、グーグル（アルファベット）、マイクロソフト、アマゾン、フェイスブックという5銘柄の圧倒的な上昇ぶりが目立っていました。

なかでもアマゾン株の上昇ぶりが際立ち、その上昇効果によって、ついに世界の長者番付の首位が交代したのです。

この長者番付はある意味、時代を映しています。かつて日本がバブルに沸いていた1987年当時は、日本の西武グループのオーナーであった堤義明氏が世界一のお金持ち、まさに世界の長者番付の首位だったのです。

その後の1991年、交代はしたものの、やはり番付首位は日本人でした。森トラスト・ホールディングスの創業者だった森泰吉郎《もりたいきちろう》氏です。

米国人が初めて世界ナンバー1の長者になったのは1995年。マイクロソフトのビル・ゲイツ氏でした。それから2008年には投資家のウォーレン・バフェット氏、そして再びビル・ゲイツ氏と首位は入れ替わったものの、この30年間（1987～2017年）、世界一はわずか5人の富豪で占められていたのです。

そして今回、リアルタイムのランキングで初めて世界一の座に就いたのがアマゾンのベゾス氏でした。

同じくビッグ5と呼ばれるITの巨人5銘柄ばかりが上昇する現在の米ナスダック市場も、

将来の世界の姿を予感させているようです。

２０１７年７月27日に発表されたアマゾンの４～６月期決算は、純利益１億９７００万ドル（約２１９億円）で、前年同期比77％減という惨憺たる数字です。

ところが、売り上げは25％増えています。この売り上げが毎期継続的に増える姿がアマゾンの強みであり、ビッグ５全体に共通する強みでもあります。

常識的に考えればわかりますが、普通どんな企業でもアマゾンほどの規模になれば、売り上げが大きく増えることはないものです。たとえばトヨタの売り上げが25％も増えたら驚きでしょう。

２０１７年10月26日、アマゾンは７～９月期の決算を発表しました。今度は売り上げが前期比で34％も増えたのです！　驚異としか言いようがありません。利益も拡大し、この瞬間、株価は急騰しました。

フェイスブックも負けていない

現在、社会を揺るがす根本的な問題とされているのは、このビッグ５によって、いわゆる

「データ」が独占されつつあるという状況です。ビッグ5はデータの独占によって、ますます自社に有利な状況をつくりだしているわけです。

われわれにとって、「朝起きてアップルのスマホを開いて情報をチェックし、グーグルで検索、そしてフェイスブックで友人の状況を知る」という行動は、当たり前になっています。

ところが、こうしたプロセスを経ることは、個人の動向がスマホやアプリによって丸裸にされているようなものなのです。また、支払いにクレジットカードや電子決済を利用すれば、何に使ったかがわかります。アマゾンで本を注文し、暇なときにダウンロードした音楽に興じれば、その人がどのような本が好みで、どのような音楽が好きかも丸みえです。そして、どのようなところで食事をして、どのようなお金の使い方をするか、つぶさに知れ渡ってしまいます。

ビッグ5は、これらの個人情報を基にマーケティングを仕掛けてくるわけですから、われわれは知らず知らずのうちに、彼らのシステムに取り込まれているのです。

しかも、その巧妙さは日に日に増しており、実はわれわれが気づかないようなところまで詮索されているのです。

たとえばフェイスブックでは、男女が本格的に交際を始めるまで、また交際が始まってからのパターンなどが、詳細にわたって具体的にわかるというのです。

現在では交際を始めるとき、まずはフェイスブックを通じて交流するというケースも多いでしょう。そして、知り合った2人が関係を深めていく過程では、フェイスブック上の交流回数が増えていく傾向が必ずあるというわけです。

お互いに関心を持ち、付き合いたいと思うようになると、フェイスブック上で頻繁な交流が生まれます。それぞれの近況に「いいね！」をクリック、コメントを常時送るようになります。そしてめでたく恋人関係になると、他人に公開されるフェイスブックでの交流は極端に減っていきます。これはもっとプライベートなメッセージのやり取りが、フェイスブックの外で始まるからでしょう。

同じく金銭取引などの信用情報も、フェイスブックを通じて知らぬ間に審査されるというのです。

フェイスブック上で、金銭トラブルを起こすような「友達」が多い場合、その人自身も借入金の返済能力が低いと診断される可能性があるのです。このようなデータによる診断は万能ではないと思いますが、今後、行われる可能性が高いというのです。

恐ろしいといえば恐ろしいのですが、これが「ビッグデータ分析」というＡＩ時代の現実でしょう。

ビッグデータは多くの実例を集めることによって、ＡＩが学習し、判断していきます。この場合、データ数が圧倒的に多いことが決め手です。膨大なデータを基に、ＡＩが自ら学習して精度を高める深層学習（ディープラーニング）を行うわけです。

ですからデータを膨大に保有しているグーグルやフェイスブック、アマゾンなどが圧倒的に有利なわけで、データ自体を豊富に持たない日本勢など、太刀打ちできるわけがないのです。

ますます寡占化が進む超大手ＩＴ企業

20世紀の最も貴重な資源は石油であって、世界はある意味、石油を巡っての覇権争いや戦争を繰り返してきました。

しかし、21世紀の最も貴重な資源は「データ」です。データをＡＩによって分析させて、大きな価値を生みだすわけです。

発展途上のＡＩ研究においては、膨大なデータを握るビッグ５が圧倒的に有利であり、今後もＡＩなどの先端技術にかかわる人材や資金は、皆ビッグ５に集中していくでしょう。

こうした未来を予見し、現在、米ナスダック市場ではビッグ５の株価ばかりが上昇しているわけですが、この動きは理にかなっています。

そして「日経ヴェリタス」によると、今、中国でも同じことが起こっており、ＩＴ企業による市場の寡占化が始まってきたというのです。

世界を牛耳るＩＴ企業は米国のビッグ５ですが、中国の場合は「チャイナ７」です。

ネット通販ではアリババ集団とＪＤドットコム、交流サイトではテンセント、ネット検索はバイドゥ、旅行予約はシートリップ、オンラインゲームはネットイース、ミニブログは新浪という感じです。

この7社の時価総額の合計は1兆ドル（約１１０兆円）の大台を超えています。合計時価総額3兆ドル以上のビッグ５には及ばないものの、２０１7年の株価の上昇率はビッグ５を凌ぎ、年初から6割も上昇しています。中国のＩＴの巨人、チャイナ7は、ビッグ５の倍の勢いで伸びているのです。

すでにアリババ集団とテンセントは世界の株の時価総額ベスト10に入ってきていますが、

今後中国のIT企業も侮ることはできないでしょう。

国家戦略としてグーグルやフェイスブックなど米国のIT企業を巧みに国内から締めだし、自ら国産のIT企業をつくり育てていった中国の戦略は、想像以上にしたたかです。

ITの世界においては先行者に優位性があるということで、今後ビッグ5やチャイナ7は他の追随を許さないでしょうし、格差は広がっていく一方です。


普通、デジタル革命やIT革命によって社会が劇的に変化する場合、企業の新陳代謝が頻繁に起こり、勝者はダイスの目のように入れ替わっていくイメージを持ちます。

ところが、ビッグ5はここ10年、IT界のトップとして君臨し続け、さらに強くなっていきます。まさに寡占状態となっているわけで、ビッグ5の圧倒的なプラットフォームの優位性は揺るぎません。


EUは2017年6月27日、日本の独占禁止法に相当する「EU競争法」に違反したとして、グーグルに24億2000万ユーロ（約3000億円）の制裁金を科しました。

グーグルはEU域内の検索サイトで90％以上のシェアを持ち、広大なデジタル広告プラットフォームを有して支配的な立場にあります。かようなグーグルの圧倒的な強さを危惧した

EUが、グーグルに厳しく対応したわけです。

日本でも6月6日、公正取引委員会が、ビッグデータを囲い込んだり、消費者や取引先から不当にデータを収集したりした場合は、独占禁止法を適用する考えを公表しました。報告書で「大量のデータが一部の業者に集中しつつある。消費者の利益が損なわれる場合は対応が必要」としています。

かように、強力なIT企業を持たないEUや日本は焦り始めています。

しかしながら米国政府をバックにしたビッグ5に対して、現実的にどのような対応ができるのかは未知数です。

ビッグ5はますます巨大になり、寡占化が進んでいます。

ビッグ5の利益は合計して1000億ドル（約11兆円）にのぼっています。この利益は2020年までに1700億ドル（約18兆7000億円）に増えていくと予想されています。まさに、われわれが何かを行うごとに、彼らの懐にチャリーンとお金が入る仕組みです。

こうしてビッグ5の下には、使い切れないほどのキャッシュが積み上がっています。ビッグ5のため込むキャッシュは、2020年までに6800億ドル（約74兆8000億円）に達するとみられているのです。

ＩＴビッグ５による革命的変化は、これから起こることの序章にすぎないでしょう。今後、すべてがインターネットにつながっていくという流れのなかで、安泰な業種はないように思えます。ＩＴのさらなる発展やＡＩの進化によって、今後あらゆる業種に怒涛の変化が押し寄せるのです。

たとえば自動車産業ですが、自動運転の波が今後押し寄せることは必至です。いつでもどこでも、呼べば誰にでも自動運転の車が用意されるのであれば、自動車は移動のための単なるツールとなり、各々が自動車を保有する必要がなくなります。

この場合、自動車を即座に用意できるプラットフォームを持つ、現在の配車サービスの世界的な雄、ウーバーのような会社が、市場を支配する可能性が高いわけです。

皆が自動車を保有しなくなって移動のために呼ぶだけになれば、トヨタのような自動車メーカーは、ウーバーのようなプラットフォームを持つ会社に車を提供するだけの存在になり下がるかもしれないのです。

自動運転の実用化が迫る自動車産業だけでなく、フィンテック（ＩＴを駆使した金融サービスの創出）の波が押し寄せる金融業界では、すでに今後約10年で40％を超える人員が余剰になると試算されています。

そして、これからはデジタル化、ＩＴ化に加えてＡＩの進展もあって、電気、情報通信業界を始め、自動車、金融業界はもちろん、小売り、飲食、運輸、観光、建設、医療、介護、農業と、あらゆる産業で、仕組みや競争要件が変化していくでしょう。

アマゾンの過去20年の利益はわずか57億ドル、１年平均で２・８５億ドル（約３１３億円）にすぎないのです。

トヨタと比べてみてください。トヨタは年間２兆円も稼ぎだす企業です。

しかし、決して大きな利益を出してこなかったアマゾンのベゾス氏が、世界ナンバー１の富豪にのぼり詰めたのは偶然ではありません。まさに驚くべき変化が起こっているのです。

ネット辞書によると、「アマゾンする」という言葉は「圧倒する、絶滅させる」という意味だそうですが、まさに今後安泰な業種などなく、あらゆる業種において想像もつかないような大変化がやってくると覚悟した方がいいでしょう。

第五章

北朝鮮、サウジ、イスラエルから目が離せない！

脱北兵の寄生虫からわかること

「外科医として20年以上の経験があるが、こんなものは教科書でしかみたことがない」
板門店で北朝鮮側から韓国へ亡命し、銃撃で重傷を負った兵士を手術した韓国医師の言葉は衝撃的でした。手術した兵士の消化器官から寄生虫数十匹が摘出され、なかには27センチに達するものもいたというのです。

北朝鮮の食糧事情が劣悪ということはわかっていますが、板門店で勤務する兵士といえば、北朝鮮軍のなかでもエリートでしょうし、それなりの配給もあるはずです。少なくとも一般の人々よりはましな配給があるに違いない、と考えるわけです。

そのエリート兵士の体内が寄生虫だらけでは、北朝鮮の人々はどのような状態なのか、考えるだけでも恐ろしいというものです。

このニュースは日本のお茶の間でも話題になりましたが、世界にも衝撃を与えたようです。さらに胃のなかはトウモロコシだらけということで、北朝鮮の食糧事情がかなり厳しいことがわかります。

また最近は、北朝鮮からの船が頻繁に日本に漂着するようになりました。新たな漁場を求めて北朝鮮の船が大挙しているわけですが、これも北朝鮮の厳しい環境を映しているように思います。

金正恩《キムジョンウン》体制を支えているのは主に軍部を中心とした取り巻きでしょうが、彼らにも国連の経済制裁による物資の不足や窮乏が迫っているはずです。

一般的に、北朝鮮の問題は金正恩だけとみられがちですが、彼を支える強力な取り巻きたちが、現在の北朝鮮の体制を維持させているわけです。

金正恩は金王朝の3代目で、祖父の金日成《キムイルソン》、父親の金正日《キムジョンイル》の跡を襲ったわけですが、実はこの構図は、金正恩の取り巻きにおいても同様で、軍の上層部や重要役職も、世襲が続いているのです。

こういった支配者層が北朝鮮を統治しているので、一番の目的は、自分たちの権力体制の維持なわけです。

そうなると、情報統制は避けられません。世界中で北朝鮮だけが貧しいことがわかれば、国民は政権に対して反発を強めるでしょう。ですから教育や情報統制によって、情報を遮断し、金正恩を崇拝するよう洗脳し続けるわけです。

かように情報統制や鎖国的な政策、そして個人崇拝などは、体制維持にとっては合理的で必要な政策なのです。

そのようななか、北朝鮮は金正恩のカリスマ性を高めるため、そして米国に負けない国になるため、偉大な指導者の業績として核開発に邁進《まいしん》してきました。

北朝鮮の外交官が、「核開発、ミサイル開発の成功を誇りに思う」と述べていましたが、国内にもかような高揚感はあると思います。

軍事的な面において、金正恩は明らかに成果を上げたわけです。

制裁で苦境に陥る金正恩

ただ厳しさを増す制裁、とりわけ中国による本格的な制裁により、北朝鮮は確実に弱っています。中国政府は制裁についての具体策やその成果などを公表することはありませんが、最近の北朝鮮の動向をみれば、北朝鮮内で大きな変化が起きていることは明らかです。

平壌市内のガソリン価格は春先から上昇し始め、2017年10月には従来の倍の価格になったようです。このため北朝鮮では、市中に出回る石油製品が激減しています。

北朝鮮は空港も鉄道も、先進国のように整備されているわけではありません。主に車が移動の手段だったわけですが、現在では一般市民はガソリン使用に制限がかかっており、徒歩や地下鉄での移動が増えているということです。

驚くことに、北朝鮮ではガソリンの代わりに木炭を使って走る木炭車も登場したというのです。かつて日本でも石油が禁輸されたときに、木炭や薪《まき》や石炭で走る車が使われたといいますが、北朝鮮は１００年前に戻っているようです。

かように厳しさを増す北朝鮮ですが、金正恩の強気の姿勢がどこまで続くかが焦点です。彼は若くして祭り上げられて指導者になったため、権力闘争の厳しさや、ときには妥協して折れるというような、巧みな処世術が身についていないように思えます。祖父であった金日成は、日本と戦ってきた軍人でしたし、当時のソ連に見出されたくらいですから、その前は、それなりの苦労もあったと思われます。

中国の習近平《しゅうきんぺい》も幼少時、極貧だったことが伝えられています。そのような苦労を経ていれば、逆境を乗り越えられるかもしれませんが、金正恩に苦労した経験があるとは思えません。

また権力も北朝鮮の事情によってもたらされたわけです。金正恩はこれまでやりたい放題やってきて、核開発に成功はしたものの、現在は中国からの本気の反発にあい、国内にさまざまな軋《きし》みが出てきたことで、対応に相当苦慮していると言えます。

最近の北朝鮮は、対外的な政策に明らかに変化がみられます。

2017年12月5日、国連のフェルトマン事務次長は北朝鮮の求めに応じて平壌を訪れ、李容浩《リヨンホ》外相と会談しました。

もちろん具体的な成果があるわけもないのですが、北朝鮮が国連を頼ったこと自体が大きな変化です。常識的に考えれば、国連と話をしても何の解決にもならないことは明らかです。金正恩は中国に最も頼りたいところでしょうが、2017年11月、習近平主席の特使に会うことすら拒否しました。これには習近平も呆《あき》れ、さすがの中国も制裁強化に動いたわけです。

そして12月11日、中朝貿易の要であり、中国の丹東と北朝鮮の新義州をつないでいる「中朝友誼《ゆうぎ》橋」を中国側は閉鎖しました。この橋は中朝貿易で最も重要な流通路です。さらに中国は、中朝貿易の7割を担う丹東税関の業務も停止したのです。

これは決定的な制裁と言えます。中国はトランプ政権からの強い圧力もあったと思いますが、北朝鮮制裁にやっと本気になってきたように思います。

原油の輸出はやめていませんが、量は減っているはずです。この原油輸出をやめた場合は、北朝鮮政権が確実に崩壊するので、現段階ではそこまで踏み切れないのでしょう。

また原油はパイプラインで送っている関係で、一度止めると、パイプがさびついて二度と使えなくなります。そういう意味で中国も、原油の禁輸はよほどの覚悟がないとできないのでしょう。

しかし制裁の効果が出ていることに、中国側は手ごたえを感じているはずです。

米国と北朝鮮はどうなるのか

最近は金正恩が生活必需品の工場などを視察する様子がよく報道されています。物資不足が激しくなってきたので、指導部もそれに配慮し、工場視察の姿を積極的に流しているものと思われます。

はたして金正恩は、国内を治めるために、今後どのような手段を取るのでしょうか？

もちろん核開発やミサイル発射などの挑発の程度も含め、米国も中国も、北朝鮮指導部の方針を見極めているのが現状です。

国連の安全保障理事会は、２０１７年12月15日、核実験やミサイル発射を続ける北朝鮮問題に関する閣僚級会合を開き、対策を協議しました。

なんと異例なことに、北朝鮮の国連大使が、この会合に出席しました。金正恩の許可なく出席することはあり得ませんから、これも大きな変化です。

今回の会合は、日本の河野外相を議長として招集された安全保障理事会でしたが、北朝鮮の国連代表は、議場では河野外相とティラーソン米国務長官をにらみつつも、自らの主張を発表しました。その後は他の代表と話すこともなく議場を後にしていました。

金正恩も国内の苦境を何とかしたいものの、方策もわからず、とりあえず先日訪朝した国連の事務次長の助言に従って、国連での対話の意思を示したのでしょう。

北朝鮮としては、核開発は自己防衛のための手段である、という主張をアナウンスしたいという目論見《もくろみ》もあったはずです。

そして2018年初頭、金正恩は新年の演説で「我々は心から平昌五輪が成功するよう望んでいる」として、「北朝鮮と韓国が腰を下ろして、自ら南北朝鮮の関係改善と劇的な打開策を真剣に協議すべき時期だ」と述べました。北朝鮮は制裁に窮して対話を模索してきたようです。そして平昌五輪には「代表団派遣を含めて必要な措置を取る用意がある。そのために南北の当局者が緊急に会うことが可能だ」と述べています。一連の流れは北朝鮮の大きな変化を感じさせるものです。

しかし金正恩にとって、態度を改め、核開発を断念するという選択肢はないでしょう。

仮に米軍による北朝鮮攻撃があるとして、その場合のネックは、韓国に駐留する米軍の家族です。いざ戦争を起こすとなれば、この米軍の家族を避難させなければなりませんから、攻撃の兆候が現れてしまうのです。

そして、いざ米軍が北朝鮮を攻撃する場合は、中途半端なことはあり得ず、「完封勝利」が求められるわけです。

米共和党のリンゼー・グラハム上院議員は、「トランプ氏が北朝鮮攻撃に踏み切った場合、全面的な戦争になる。特定の目標のみを狙う限定攻撃という選択肢はない」と述べています。

この場合、米軍は空母3隻を揃え、大規模な作戦になるでしょう。

先制攻撃や電磁パルス攻撃などを含め、北朝鮮の電気系統を麻痺《まひ》させ、完膚なきまでに全土を一気に叩くしかありません。

できるかどうかはともかく、やるならそれしかなく、米軍はシミュレーションを繰り返していると思われます。

中国も北朝鮮からの難民が押し寄せる事態に備えて、中朝国境近くに難民収容施設の設置を計画しています。中国吉林省、長白《ちょうはく》朝鮮族自治県が候補地です。

建造物の工事こそ始まっていないものの、敷地にテントを並べる計画は立てており、食料備蓄はすでに終わっているということです。

ティラーソン米国務長官は、北朝鮮の政権崩壊について言及し、「中国に北朝鮮からの難民が押し寄せる事態も想定して、対策を取っている」ことを明らかにしています。

かように北朝鮮攻撃に対する備えは進んでいます。しかし、そのような事態が現実になるとは、とても思えません。

実際問題として、金正恩の斬首作戦や北朝鮮への軍事攻撃はかなり難しいと言えます。

米軍がその気になれば、金正恩の斬首作戦は成功するかもしれませんが、仮に金正恩がいなくなったとして、その後、北朝鮮の核兵器は誰が管理するのでしょうか？

核兵器が野放し状態となれば、危険人物に勝手に使われたり、闇ルートで売却されたりして、日本や韓国、米国に核ミサイルが飛んでこないとも限りません。金正恩亡き後、国の指揮命令系統がどうなるのかさっぱりわからず、今よりもさらに危険な状態となるかもしれないのです。

核兵器を持った国が無政府状態になる、そのようなカオスは恐ろしすぎて想像できません。

米国も中国も、もちろん日本や韓国も、金正恩没後の青写真はまったく描けていないのです。金正恩がいなくなれば、友好的な政権が北朝鮮に出現するというのは幻想にすぎません。

このように考えると、現実問題として米軍が北朝鮮を攻撃することはないと思われます。

トランプ大統領は、その言動から自由奔放にみえますが、頭脳明晰な現実主義者です。大統領選挙期間中、中国に45％の関税を課すとか、ＮＡＦＴＡ（北米自由貿易協定）をすぐに脱退するなどと、極端な言動が目立ちましたが、大統領になってからは現実路線で政策を進めています。そしてトランプ政権では、優秀な軍人が政策遂行のキーマンとなっています。

したがって米国による北朝鮮攻撃は、１００％の成功と、金正恩没後の完璧な北朝鮮統治プランを中国とともに策定できなければ、実行されることはないでしょう。

混迷するサウジアラビア

「国王や皇太子を大変信頼している。拘束者は何年間も、国から不正な利益を得てきた」

トランプ大統領は、サウジアラビアのムハンマド皇太子を明確に支持しました。

ムハンマド皇太子は、２０１７年11月４日以降、王子や現役閣僚、実業家など２００人超を汚職容疑でいっせいに拘束するという強権を発動しました。

拘束者のなかには、アブドラ前国王の息子のムトイブ国家警備相や、世界的に著名な投資家で総資産２兆円超と言われるアルワリード王子も含まれていました。

いかに権力を有しているとはいえ、「これほど強引な手法を用いては体制が混乱するのでは？」と市場はどよめきました。首都リヤドの最高級ホテル、ザ・リッツ・カールトンが、「世界一豪華な拘置所」に様変わりしたのは周知の通りです。

それにしても、若いムハンマド皇太子の剛腕には驚かされます。32歳という若さですが、現在サウジアラビアの実権をほとんど握っていると言っていいでしょう。早くから頭角を現していましたが、父親のサルマン国王の寵愛《ちょうあい》を受け、実質的に強大な権力を手中にしています。

ムハンマド皇太子は、さまざまな改革を矢継ぎ早に実行することで、国内では大変人気があり、若者や女性の圧倒的な支持を得ています。

サウジアラビアは石油が豊富で裕福な国ですが、石油はいずれ枯渇します。資金に余裕があるうちに抜本的な改革を行わなければ、サウジアラビアに未来はありません。

王族が集団指導体制で国を動かすなど、非常に保守的な政治を続けてきたサウジアラビアですが、歴史的な転換点に差し掛かっているようです。

ムハンマド皇太子が成し遂げようとしている急進的な改革が、サウジアラビアのような極めて保守的な国で成功するのでしょうか？　それとも大混乱が待っているのか、当分は目が離せそうにありません。

石油暴落で苦境に追いやられたサウジ

サウジアラビアの混乱は、石油価格の暴落から始まりました。サウジアラビアはその収入のほとんどを原油に頼っているため、致命的となります。

近年、米国のシェールオイルの登場によって、原油価格は大きく下がりました。1バレル100ドルだった原油価格は、現在では50～60ドル台がやっとの状態です。

2016年初頭には、一時1バレル26ドルまで下がるほどの暴落もありました。かつてサウジアラビアを中心とする湾岸諸国は、世界の資金供給元でした。豊富な原油収入の余資を世界の市場で運用していたからです。

市場では、常にオイルマネーの動向が気に掛けられていました。ところが原油価格が大きく下がり始めた2015年から、様相は一変したのです。

2015年8月、世界の株式市場は大きな下げに見舞われました。その主因は後になってわかったのですが、サウジアラビアをはじめとする産油国による、資金捻出のための株売りでした。

原油価格の下落で資金繰りに窮した産油国が、世界中の市場で株売りを行ったのです。また翌2016年には、年初から再び産油国の世界的な株売りに見舞われました。

このとき世界中の株価が下がったのですが、日経平均も急落し、2015年12月1日の2万12円から、2016年2月12日には1万4865円まで暴落したのです。原油価格は1バレル26ドル台と、驚くべき安値となりました。

その後サウジアラビアをはじめとする産油国は、自らの売りで市場が大きく下げてしまう不合理さを反省し、たとえ資金調達が苦しくとも、保有している株を無節操に売るような行為は控えるようになりました。

資金調達の際には、債券（国債）を発行したり、借り入れを行うなど新しい手法を取るようになったのです。このあたりから市場が落ち着き始めました。

サウジアラビアの起債は、一度に約2兆円と大規模なものになりました。元々サウジアラビアをはじめとする産油国は石油資源が豊富ですから、スムーズに起債できるわけです。

こうしてサウジアラビアをはじめとする産油国は、資金の調達においても、政策面においても、今までの保守的な手法を改め、さまざまなことを試すようになったわけです。

産油国サウジの厳しい懐事情

ムハンマド皇太子はタカ派になります。イランとは国交を断絶し、イエメンには軍事介入、さらにお隣のカタールとも断絶、レバノンの首相には辞任を迫るなど、強引な手法に危うさを感じます。

ムハンマド皇太子は石油に頼らない国をつくると宣言し、「ビジョン2030」を発表。ソフトバンクのファンドに10兆円出資したり、新しい都市をつくるという構想をぶち上げたり、石油化学工場をつくる計画を発表したりと、新たな国づくり構想を次々と打ちだしました。

今後サウジアラビアは、禁止されていた女性の自動車運転も解禁します。

２０１７年12月11日には、これまで禁じていた映画館の開設を認めると発表しました。35年ぶりの解禁です。２０３０年までに２０００以上のスクリーンが設置され、３万人の雇用をつくり、３兆円近い経済効果を生みだす予定です。

物事を進めるにはどうしても巨額の資金が必要になるわけで、その決め手としてサウジアラビアでは最も貴重な資産である、サウジアラムコの株式上場にも着手しました。

サウジアラビアの運用資産は、ここ数年急激に減少してきています。年々国家運営における赤字が膨らみ続けているわけです。

サウジアラビアの運用資産は、２０１４年８月の７３７０億ドル（約83兆円）から、２０１７年８月には４８００億ドル（約54兆円）と急減しました。この間の財政赤字は２３７２億ドル（約27兆円）に及び、毎年およそ９兆円近い赤字となっています。

経済成長率をみても減速しており、ＧＤＰは２０１５年４・１％、２０１６年１・７％、２０１７年０・１％と、年を追うごとに鈍化してきています。

サウジアラビアは、通貨リヤルを米国のドルとペッグ（連動）させています。

ところが米国は、金利引き上げの最中です。金利差の関係で資金はドルに向かい、リヤルには強い売り圧力がかかります。その売りに対し、サウジ当局は介入し、通貨防衛をしてきました。

本来、ドルにペッグしているのであれば、米国とともに金利を引き上げたいところですが、国内改革中で、景気を冷やすような政策は取れないというジレンマがサウジ側にあります。

こうして財政赤字の穴埋めと通貨防衛のために、二重に懐具合が厳しくなっているのです。

サウジアラムコは株式上場となるか

かつてサウジアラビアでは、「ゆりかごから墓場まで」の手厚い保護政策がなされてきたわけですが、そのような大盤振る舞いはもう不可能です。

普通の国のように、国民にお金を負担をしてもらわないと、どうにもなりません。

サウジアラビアは改革の一環として、2018年1月から付加価値税の導入に踏み切りました。現在サウジアラビアは不況で、インフレ率が0・4%ほどと低く、日本並みですが、付加価値税を導入したことで、当然物価は上昇するわけです。

今回5％の付加価値税を導入したのですが、あらゆる品目が5％の値上げとなりますから、おおむね消費者物価が5％上昇するわけです。日本でも2014年4月に消費税を3％引き上げた直後は、消費者物価が上昇しました。

実際のところ、サウジアラビアのインフレ率は4・5％に上昇すると予想されています。問題は、その負担に堪えかねた国民がどう反応するか、ということでしょう。

サウジアラビアの若者の失業率は4割に達しています。

このような情勢下、国民も改革の必要性は理解していて、現在はムハンマド皇太子の改革路線を熱狂的に支持しているわけです。

しかし、いよいよ増税によって自らの懐が痛んできたときに、改革を進めることに納得できるのか、それとも反発が起こるのかはわかりません。

またサウジアラムコの株式上場についても、ムハンマド皇太子は「予定通り実行する」と述べているものの、暗雲が漂っているようです。

株式を上場すれば、情報公開が求められます。投資家の存在を無視するわけにはいかず、上場先の取引所のルールに従わなければなりません。

そうなれば、サウジアラビアが想定している通りに行動することは難しくなります。

このような情勢下、中国がサウジアラビアに急接近しているようです。

サウジアラムコの上場に対して、まずは中国のペトロチャイナやシノペックに株式を譲渡して、その後上場してはどうか、という甘い誘惑です。

ペトロチャイナやシノペックに株を譲渡するのであれば、中国政府の息がかかっている関係でうるさいことは一切言わず、資金だけは出してくれるというわけです。

今後サウジアラビアがどうなっていくか、改革が成功するのかどうか、まだ予断を許しません。しかし、依然としてサウジアラビアは中東の雄であり、世界最大級の原油産出国であることに変わりはありません。

米国のトランプ大統領も、中国の習近平も、サウジアラビアの権力を一手に握るムハンマド皇太子に秋波を送り続けるはずです。

イスラエルの凄み

「イスラエルは現在、サイバーセキュリティ技術に対する世界の投資のおよそ5分の1を集めている」

イスラエルのネタニヤフ首相は2017年1月末に、同国のテルアビブで行われたセキュリティイベントで、力強くイスラエルのサイバー技術の優位性を強調しました。

世界各国の企業、政府からのイスラエル詣でが始まっています。アップル、グーグル、フェイスブック、インテル、アマゾン、マイクロソフト、IBM等々、世界のIT産業を牛耳る超大手企業は、例外なくイスラエルに重要な拠点を有しているのです。

世界中の国が、イスラエルのサイバーセキュリティの技術を取り入れたいのです。

もちろん日本も例外ではありません。日本の政府首脳は2017年になって、相次いでイスラエルを訪問しています。4月末には丸川五輪相、5月初頭には鶴保科学技術相、そして世耕経済産業相がイスラエルを訪問しました。

日本は技術大国で、製造業においては世界に冠たる強みを発揮しています。自動車や電子部品などについては、世界最高峰の技術力を有しています。

しかしながら、日本がかなりの遅れを取っているのがサイバーセキュリティの技術です。

この技術においては、中国やロシア、北朝鮮などに比べ、日本のレベルは格段に低いのです。

東京五輪はサイバーテロの標的に

２０２０年の東京オリンピックは、サイバーテロにとって絶好の標的になります。日本の稚拙なサイバーセキュリティ技術では、東京オリンピックを安心して迎えることはできないでしょう。

ではなぜ、日本はサイバー関連の技術が、他国に比べて著しく劣っているのでしょうか？北朝鮮は独自のサイバー技術者を有しており、バングラデシュの中央銀行から１００億円近い金額を盗んだのも、北朝鮮のサイバー部隊と言われています。

また２０１７年の5月中旬、世界中でランサムウェアの仕業とみられている大規模なサイバー攻撃があり、多くの国で被害が続出、病院機能の麻痺などが多発しました。ランサムウェアも、北朝鮮の仕業と噂されています。

一連の大規模なサイバー攻撃は、その正体も実態も明らかにされていません。

ただ、あれだけの大きな仕掛けは、国家のような巨大なバックが存在していなければ成し得ないでしょう。

かようなことを完璧に、証拠も残さず実行できるところが、サイバー攻撃の恐ろしいところです。サイバー攻撃能力は、サイバー技術の向上という、国家戦略に基づいて蓄積されてきたものと思われます。

北朝鮮や中国、ロシアは、国をあげてサイバー技術の開発に血眼になっているわけです。そしてサイバー攻撃能力を磨くことで、実はサイバーセキュリティ技術の向上も成し遂げられるわけです。

実はここが、悩ましいところで、日本ではサイバー攻撃は違法であり、実行することができません。

サイバー攻撃には、軍事的な目的や、企業の秘密情報を盗みだす目的もあります。バングラデシュの中央銀行を襲ったケースでは、お金を奪い取りました。また他には、敵国を混乱させるための技術もあると思われます。要するにサイバー攻撃は千差万別で、どの攻撃にも独自の目的があるわけです。

ですから攻撃を防ぐためには、つまりはサイバーセキュリティ技術を確立するには、まずは相手の攻撃目的を知り、それに対応して作戦を講じなければならないのです。

かような情勢下、日本のようなサイバー攻撃が違法な国においては、サイバー攻撃能力やサイバーセキュリティ技術の向上が進まないわけです。

これでは、いざ中国やロシア、北朝鮮からのサイバー攻撃を受けたとき、日本が身を守ることなどできるわけがないのです。

米国一辺倒で、平和ボケしている日本は、サイバーセキュリティについても米国を頼りにするしかないわけですが、このような重要な技術を米国が簡単に教えてくれるとも思えません。

やはり日本独自の技術なり経験なりを積まなければ、真の意味で日本の安全を確保するサイバーセキュリティを完成させることなどできないのです。

イスラエルはなぜサイバー攻撃に強いのか

イスラエルはどのようにしてサイバーセキュリティの技術を確立したのでしょうか？

実はイスラエルには、その国の成り立ちから、どこよりも優れたサイバー技術を確立しなければならない事情があるのです。

イスラエルの人口は約８６０万人で、その国土の面積は２・２万平方キロメートル。四国程度の面積しかありません。しかも、多くは砂漠地帯です。

日本人は、平和と水はただで手に入ると思っていますが、日本が平和ボケをしているだけであって、世界はそんなに甘いところではありません。

イスラエルは建国当時から、絶えず危機的な状況に晒されています。周りはアラブ諸国ですべて敵国。いつ攻められるかわかりません。

そして、イスラエルは砂漠地帯ですから、水も思うように手に入れることができません。

勢い、イスラエルの人々は生きるために、軍事力を拡充しなければならなかったし、サイバー技術をどこよりも高める必要があったのです。

つまり、自分たちが生存するための環境構築が、軍事やサイバー技術の取得につながっていったのです。

イスラエルでは高校を卒業すると、男性は3年、女性は2年、兵役に服する義務があります。

そして、このときにイスラエル政府は、自国で最も優秀な人たちを発掘するのです。兵役時に数学や物理、コンピューターの天才たちが抜擢され、特別な任務に就かされることになります。

その部隊が「8200部隊」と呼ばれる諜報《ちょうほう》機関です。この機関では、まさに映画の

「ミッション：インポッシブル」さながらに、敵国コンピューターに侵入するスパイ教育が行われるのです。

「8200部隊」に配属されるのは極めて優秀な人材で、1％に満たない超エリートの精鋭になります。そしてイスラエル政府は、彼らに極めて難解な課題を与え、24時間体制で解決に取り組ませるのです。

彼らは、若いときから命を賭けるような厳しく、重要な任務を遂行させられるというわけです。

そして、彼らにとって「8200部隊」に所属させられたことは、エリートへの道が開けたことを意味します。

実際に「8200部隊」の出身者は、多くのサイバーセキュリティ会社を立ち上げ、イスラエル発の世界に冠たる技術が生まれています。

さらに「8200部隊」出身者だけで、1000を超えるサイバー関連の優秀なベンチャー企業が誕生しているようで、大手IT企業や各国政府がイスラエル詣でに夢中になるのも道理です。このような驚くべきシステムをつくり上げたところが、イスラエルの凄みと言えるのです。

第六章

先がみえない中国のゆくえ

中国のネット企業の勢いが止まらない

「こんなに無能で腐敗した政治にバンザイできるの？」

中国のネット企業大手、テンセントが提供していたＡＩの自動会話サービスは、突如停止となりました。「共産党バンザイ」との読者からの話しかけに対して、ＡＩが真っ当な答えを返したからです。

また習近平主席が唱えている「中国の夢とは何か？」との問いに対し、ＡＩは「米国への移住」と答えました。

笑い話のようなＡＩの自動会話サービスの一例ですが、中国でこのような事態が許されるわけもありません。

面白おかしく話題になったものの、その後テンセントのＡＩ自動会話サービスは大幅に修正され、ＡＩの話題は立ち消えになりました。

かような例をみると、中国では当局の締め付けが圧倒的に強く、自由な気風がないのでＩＴ企業も大きく育っていかないような感じがします。ましてやネット企業など奔放さと自由な発想が不可欠な企業には、余計に締め付けが裏目に出てくるように思えます。

ところが当局の締め付けにもかかわらず、中国の２大ネット企業、アリババとテンセントの業績拡大の勢いが止まらないのです。

テンセントは中国当局の厳しい検閲を受けながらも、企業規模を確実に拡大しており、伸び率は米国のＩＴ企業を大きく上回る勢いです。

２０１７年４～６月期のアリババとテンセントの純利益の伸びをみると、前年同期比でアリババは94％増、テンセントは70％増となっています。

これだけでも驚きですが、４～６月期に続く７～９月期はさらに伸び、アリババもテンセントも、売り上げは前年同期比で61％の伸び、純利益はアリババが２３０％増え、テンセントも69％増えました。

アマゾンの売り上げ急増や、その凄さを指摘しましたが、アリババとテンセントはそれ以上で、両者の株価はもちろん急上昇しています。

テンセントの凄すぎる条件

テンセントは１９９８年に設立された、20年足らずの若いＩＴ企業です。

株価の時価総額は２０１７年11月20日、中国企業として初めて５０００億ドル（約56兆円）を突破しました。２００４年の株式上場時に比べて、株価が６００倍超に化けるという驚くべき成長企業なのです。

ちなみに日本企業の時価総額トップはトヨタ自動車ですが、その時価総額はテンセントの半分以下の20兆円にすぎません。

テンセントの社員の平均年齢は、なんと29歳という若さです。

テンセントでは40歳を超えると時代の流れについていけないということで、自然に会社を去るようになり、結果40歳を超える社員はほとんどいないというのです。

テンセントの主な業容は、スマホ向けの交流サイト、ウィーチャットです。そしてそこで獲得した巨大な顧客層に対する、ゲーム配信で巨額の利益を稼ぎだしているのです。

これだけ急成長して巨額の利益を叩きだしているわけですから、社員への待遇も破格です。平均給与は年額で約１３００万円ということで、中国の平均的な給与の3倍以上。しかも平均年齢29歳ですから、同年齢の給与と比較した場合、最高の条件と言えるでしょう。

これほど若い社員に、平均してこれだけの給与を与える企業は日本には存在しないと思われます。

さらに、社員が株をもらえるストックオプションの制度、また残業には夜食券が支給され、夜10時以降に帰宅する社員にはタクシー券が配られるという、至れり尽くせりの福利厚生です。

また社員はチーム制になっていて、いい発想や仕事ができれば、そのチームに対して多大なボーナスが出る仕組みになっています。これによって社員同士の足の引っ張り合いもなく、商品さえ売れれば、給与が自然に上がる仕組みになっているので、誰もがやる気になるというわけです。

高待遇すぎるので、中国各地だけでなく、米国のハーバード大学やスタンフォード大学、マサチューセッツ工科大学の卒業者までもがテンセントへの就職に殺到しているのです。

中国の強みはその膨大な人口にあります。米国市場は約3億人ですし、欧州市場は約5億人、日本市場は1億人足らずです。

この日米欧すべて合わせても9億人の市場規模ですが、中国は国内だけでも14億人の市場があるわけですから、国内市場で独占的な地位を占めれば、欧米企業が太刀打ちできないスケールメリットを有することができるわけです。

ですから中国当局は、市場を鎖国的に閉鎖することで、国内の企業を優先的に育てているわけです。

テンセントなどの中国のＩＴ企業は、次のステップとして東南アジアに進出する腹づもりでいるようです。

中国市場で14億人、そこから東南アジアに進出して東南アジアの6億人を押さえてしまえば、実質的に世界制覇を成し遂げることになるからです。

無理して多大な赤字を出し、米国の3億人や欧州の5億人のマーケットなど狙う必要も感じないのでしょう。

かように中国は、その国家戦略に基づいて、ＩＴ企業を育てているのです。


中国国内の締め付けは、厳しくなる一方です。中国では政府への批判は一切許されません。ネット上も徹底的に監視されています。

中国では「インターネット安全法」が成立し、ネットに関するビジネスを行う企業は、中国基準を適用し、中国に置かれたサーバーでサービスを管理することが義務づけられました。

世界中の多くのネット企業は、中国当局のかように強引な方針に猛反対したものの、結果的にその圧力に従うしかないわけです。

こうして中国においては、閉ざされたネット空間で、アリババとテンセントが稼ぎまくっているのです。

世界では、個人情報を独占して利益を積み上げる米国企業のビッグ5が非難の的になっていますが、中国では、巨大なプラットフォームの構築に成功したアリババとテンセントが独占的に利益を享受する構図ができ上がっているのです。

IT全盛の時代で巨大な独占が生じ、ますます格差が拡大するという皮肉な展開が始まっています。そして米国企業だけでなく、中国企業も驚くべき強力な存在として台頭しているのです。

ネット依存を利用し、人民を支配する中国

「開けゴマ！」

呪文を唱えると、たちまち扉が開き、財宝が手に入る『アリババと40人の盗賊』の話ではないですが、中国では現実に芝麻《ゴマ》を使うことで信用を勝ち取ることができる、とブームになっています。

今や中国というより、世界最大級のネット企業であるアリババ集団は、『アリババと40人

の盗賊』の話をシャレにして、芝麻で信用を得るという「芝麻信用」システムをつくり上げたのです。

これは個人の信用度合いを、350点から950点までのスコアで換算することによって、測るシステムです。信用度が高いとすぐにお金が借りられ、ホテルに泊まるときや自転車を借りるときも保証金はいらず、はては高い信用スコアを基に、いい結婚相手もみつかる可能性が高くなるという「いいことずくめ」なのです。

これらの信用スコアは、アリババの電子決済サービス「アリペイ」での決済実績を基に、さまざまな要素を加味して計算されます。

たとえば、交流サイトでどんな人と付き合っているのかも信用度を測る指標の一つで、支払い実績が高いグループとの付き合いが多いと、その人の信用度も増すのです。

このようにスコアに換算できるのも、中国では電子決済が瞬く間に普及したからです。アリペイの利用者は、中国でなんと5億人を突破しました。

国連貿易開発会議によると、中国のネット通販市場は約70兆円となり、ついに米国の69兆円を上回りました。消費全体に占めるネット通販の割合は、中国では15％と急拡大中で、6年前は4％にすぎなかったということが信じられないほどです。

ちなみにネット通販の割合は、米国で7％、日本ではまだ5％にすぎません。中国ではスマホの普及により、急速にネット社会に変容しているのです。

何しろアリペイは5億人も使っているわけで、1日あたりの決済件数は2億件にのぼります。日本のSuicaなどの交通系電子マネーの決済件数は、1カ月で1億7000万件です。これでは入手できるデータの量に差が出るのは当然です。

この貴重なデータを利用し、アリババは個人の信用力を測れるようになったわけですが、この膨大なデータは、AIなどの人工知能の研究に役立てるに違いありません。14億人という桁違いの人口の多さは恐るべしです。

今や中国全土で「芝麻信用」はブームになっており、利用者は「芝麻信用」のスコアを上げようと躍起になっています。公共料金を含めた自らの支払い実績や学歴、交友関係などを、進んで「芝麻信用」に報告するようになったのです。こうして「芝麻信用」側は、労せずして貴重なデータを吸い上げることができるわけです。

また「芝麻信用」は月1回更新されるので、利用者も自分のスコアをチェックできます。中国人が信用スコアを上げるために、「お金を期限までに返す」という、今までの中国ではあり得なかった、日本人のような習慣が身についてきたというのですから噴飯物です。

政府による人民監視は強まるばかり

中国人は政府から監視されることに慣れていて、日本人のようにプライバシーを重視しないようです。ですから自分の重要な情報でも気に掛けることなく、積極的に提供するのです。そして今や「芝麻信用」によって、いわゆる消費者金融も極めて簡単にお金を貸すようになっています。融資の判断は、人間が下すのではなく、AIが即座に行うわけです。

アリババが銀行で展開する「網商貸」では、企業の運転資金を融資するのですが、これは申し込むのに3分、その後AIがなんと1秒で融資の可否を判断するというのです。ですから融資業務にかかわる人も不要で経費節減にもなり、金利も低く貸すことができるわけです。しかもAIは間違える確率が低く、貸付金が戻ってこない確率は0〜10%未満で、消費者金融を大幅に下回るというのですから驚きです。

これでは中国の銀行が消滅するのも時間の問題でしょう。

また「芝麻信用」は、中国の最高裁判所にあたる最高人民法院と協力関係を結ぶことにし、両者が情報を共有することになりました。

反政府的な発言でもして当局ににらまれ、裁判所にお世話になった瞬間から、「芝麻信用」のスコアはあっという間に落ち、社会生活がままならなくなるというわけです。

こうして中国では、お上に絶対に逆らえないようなシステムがつくり上げられているわけです。便利になるのはありがたいですが、それを確実に人民の監視に使おうというのが中国共産党の恐ろしさなのです。

習近平は何を企んでいるのか

「習おじさん習おじさん、全人民が支持している。世界中が敬愛している」

2017年10月、5年に一度の中国共産党大会が開かれた北京では、市民が習近平主席をたたえる「習賛歌」を大合唱していました。

何やら北朝鮮のような雰囲気がしないでもないですが、今回の共産党大会を経て、習主席の権威が大きく高まっています。

いよいよ中国でも、権力者を偶像化する個人崇拝の動きが始まるのかもしれません。

とにかく今回の共産党大会では、どれだけ習主席が権力を強化することができるのかが注目点でした。

かつて中国では、あまりに権力が毛沢東《もうたくとう》に集中しすぎたことによって、文化大革命という悲劇を招いたという反省がありました。

その後、トップ個人の権力を強めるのではなく、集団指導体制を敷いて国家を運営していくという方針が貫かれたのです。毛沢東の後、華国鋒《かこくほう》、鄧小平《とうしょうへい》、江沢民《こうたくみん》、胡錦濤《こきんとう》と最高指導者は変わりましたが、一貫してこの集団指導体制が続けられました。

ところが習近平は権力の座に就くと、従来の流れとは違い、あらゆる分野において自分の権力を拡大させていったのです。

従来、中国の国家主席は、経済にはあまりタッチせず、「経済のことは首相に任せる」というのが慣例でした。胡錦濤時代の温家宝《おんかほう》、江沢民時代の朱鎔基《しゅようき》、鄧小平時代の李鵬《りほう》などが典型です。

日本からみていると、国家主席と首相、どちらに大きな権力があるのか、わかりにくいときもありました。まさに中国政治のイメージは、主席と首相が並び立つ2頭体制だったわけです。

ところが習近平時代になると、あらゆる分野に習主席が出てくるようになり、本来、経済政策を任されているはずの李克強《りこつきょう》首相の影は薄くなりました。

そしていつの間にか李克強の力はなくなり、習近平に忠実に従う部下のような存在になり下がったのです。中国における独裁政治の復活、毛沢東以来の「一強時代」の再来です。
そして今回の共産党大会は、習近平の権力が名実ともに完全に確立したことを、まず中国人民に周知させ、さらに万全な独裁体制が構築されたことを世界に示す意図があったと思われます。

今回の中国共産党大会は、世界を見渡す上でも極めて重要なイベントでした。そして事前の予想通り、習主席の権力強化が達成されたのです。

権力集中に成功した習主席は、矢継ぎ早に新しい方針を打ちだしています。驚くべきことに、共産党大会での冒頭の演説は3時間半に及びました。

習主席は中国をより強く豊かな時代に導くとして、新たなキャッチフレーズ「習近平による新時代の中国の特色ある社会主義思想」を発表しました。この新しい思想に習主席の名前がつけられたことで、権威が一段と高められました。

そしてすべての共産党員は、この新しい「習思想」を真剣に学ぶことが義務づけられたのです。

こうして習主席の下、今後中国は「建国100年、2049年までに国民生活を先進国並みに引き上げて強い大国になる」という目標を達成し、「世界の各民族のなかで中華民族を一段と高くそびえ立たせる」としています。

そして、「今が中国の発展における新たな歴史的な節目」だということで、「今後中国が世界の中心舞台にいっそう近づき、人類に対してさらに大きな貢献をする時代になる」と豪語しているのです。


国の指導者には、民族の誇りと夢を語ることが必要です。安倍首相は「日本を取り戻す」と言って、民主党政権時代の閉塞感からの打破を目指しました。

やはり国が発展するには、国民にプライドや夢を持たせなくてはなりません。そして指導者はそのようなプライドや夢を、国民に提示し、鼓舞しなければなりません。

そういう意味では、習主席は中国人民を巧みに奮い立たせています。1840年の英国とのアヘン戦争から始まって1945年の日中戦争の終結まで、中国は「屈辱の100年」を経験しました。西洋列強や日本との戦争に負け、賠償金を支払い、領土は割譲され、主権を失い、実質植民地化されました。

その苦難の時代からやっと這《は》い上がり、世界に大きな影響を与える国に発展したのです。

個人崇拝は弱さの裏返し

しかし現実には、中国を発展、安定させるために、かつてないほど思想統制を強め、異端分子を排除しようとしています。

その始まりが「習思想」の徹底であり、国民全般への洗脳でしょう。「言論の自由はない」「国民への監視を徹底的に強めていく」「党に忠誠を誓わせる」という社会システムの下、矛盾を覆い隠しながら発展を続けていけるのでしょうか？

今までの権力分散型から、かような個人崇拝の流れをつくろうとしているのは、一見すると、習主席の巧みな権力闘争の勝利に基づくものです。

しかし、逆に考えると、ここまで思想統制や言論の自由を封鎖し、監視を強めていかないと、中国社会が維持できなくなっていることの表れだと思います。

中国ではすでに不動産バブルや貧富の差の拡大、人口減少、環境破壊など多くの深刻な問題を抱えています。それらに対応していくには、独裁的な強い政治力が必要とされるわけです。

毛沢東は戦争に勝利して中華人民共和国をつくり上げました。鄧小平は経済で劇的な発展を成し遂げました。習近平は表面上、毛沢東、鄧小平に次ぐ権力を握ろうとしていますが、実質、大きな業績は成し遂げていません。

それゆえ、個人崇拝的な思想統制を強め、言論の自由を禁じ、強権的に権力を強めようとしているのです。

中国バブルはなぜ崩壊しないのか

2年前に私は、中国内陸部オルドスの不良債権の視察に行き、人のいないマンション群が果てしなく続く街並みをみてきました。その後オルドスの企業動向をみていると、経営危機は伝えられるものの、常に倒産直前になって資金繰りがついた、と報道されています。

中国に広がる「人の入らないマンション群（ゴーストタウン）」の話はあまりに有名です。しかし、そのような街、あるいは建設に絡んでの倒産話は聞いたことがありません。依然、中国の経済は不動産や建設など公共投資を中心に動いています。

特に2017年は共産党大会を控えていたため、経済の失速は許されず、例年にも増して公共投資が盛んでした。

2017年、中国の主要300都市の土地売却額は1~6月期において1兆5000億元で、前年同期比30%増です。不動産開発が、経済成長の打ち出の小槌《こづち》となっている状況は変わっていません。

中国の上場不動産企業25社は、2017年1~6月期に、1兆4530億元ものマンションや戸建て住宅を販売しています。これも前年同期比46%増という驚くべき伸びです。売れ残ったマンションが中国全土で山のようにあるのに、どうして際限のない販売が可能なのでしょうか?

ゴーストタウンは中国各所にあり、中国では当たり前の光景となっているのですが、不動産会社は「マンションは売れている。人が住んでいないだけだ」と言います。

こうした住宅やマンションの販売に実需は伴っているのでしょうか?

かつてバブル時代に、日本でもゴルフの会員権などがオープン前に高騰していたケースがありましたが、裏づけのない高騰で、その後、大暴落しました。

中国では不動産価格は基本的に下がったことはなく、また政府が不動産価格を決して下げることはない、と信じられています。

中国・深圳《しんせん》でのマンション価格は、平均年収の20倍から35倍に達していると言われ、北京や上海でも似た状況のようです。

すでに日本のバブル期以上の値上がりになっているわけですが、かような状況はいつまで続くのでしょうか？

またマンションや住宅は、年月が経てば、劣化して価格が下落していくのは当然ですが、不動産や建設関連の不良債権など、ほとんど報告されていないのです（鉄鋼や石炭関連の不良債権の報告は一部出ていますが）。

このような話は各方面から指摘されていて、中国経済の崩壊論として聞き飽きていると思います。しかし、中国においては依然、不動産価格は上がり続けているのです。

そして、規制によって価格が下がれば、緩めてまた上がる、その繰り返しです。

結局、中国経済は際限のない不動産開発により、マンションや住宅を大規模につくり続け、無理やり経済を成長させているのです。

独裁強化は経済苦境の証

これを可能にしているのが、止まることのない借り入れです。中国政府と民間を合わせた債務は、2017年の3月末でGDPの260％に達しています。

米大手格付け会社の2社は、中国国債の格付けを2017年5月以降、相次いで引き下げました。IMFも中国の借金体質に警鐘を鳴らしています。

このような情勢下、中国は2017年から共産党による企業への統制を著しく強めています。

中国の上場企業は社内に党組織を設立し、重大事項を決める際は、事前に社内の党組織の意見を優先して聞くことが義務づけられました。民間企業とはいえ、党の利益を一番に考えて行動しなければならないというわけです。

これが欧米や日本などの合弁会社にも適用されるから、たまりません。中国に進出した企業は、共産党の利益を第一に考え、民間企業としての利益は度外視して行動しなければならないのです。

すでに中国企業において、共産党の意をくむ例が出てきています。民間企業が国有企業への投資を迫られているのです。

先に触れたアリババは、チャイナユニコム（政府が設立した通信事業者）への出資を行いました。これは当局の意を受けたものです。

また逆のケースとして、民間企業の株式を当局が購入するケースも出てきました。中国のインターネット規制当局が、中国の世界的ネット企業であるテンセントの株式を取得することを検討中というのです。

日本で言えば、ソフトバンクが日本政府に特定企業の株式買い付けを命令されたり、監督官庁である総務省がソフトバンクの株を購入する、というようなものです。

「共産党の意をくむ」ということは、あらゆる要求をのまなければならないということで、中国ではまさにこうした異様な事態が進行中なのです。


また、中国においては当局の市場介入も恣意的で場当たり的、しかも常軌を逸した額で行われます。

たとえば株式市場に対する介入ですが、すべて政治的な思惑で行われています。2017年の秋には共産党大会に備え、当局が株式を買ったことは明らかです。

日本でも日銀がETFを通じて株式を購入していますから、同じだと思うかもしれませんが、その内容はまったく違います。

日銀は年間6兆円と公言して、その通り粛々と買い続けているわけで、買い方には透明性があります。市場関係者も日銀の動向を理解しています。

ところが中国の場合は、「いったい、いつ、どこで、いくら買うのか、どのくらい買うのか、どの銘柄を買うのか、どこから資金が出ているのか」、それらがまったくブラックボックスなのです。

今回、中国当局による株式買い付けが明らかになったのは、株主名簿に名前が出てきたからです。それによると、当局の買い付け額は判明しているものだけで、2017年6月末時点で4兆1200億元（約70兆円）となります。

日銀は現時点で約16兆円分のETFを購入し、値上がりを含めて時価が24兆円に膨らんでいますが、中国当局の場合はこの2年間で株を買い支えるために強引に買い付けたもので、資金の出所もまったく不明なのです。

しかも今回のように共産党大会など重要イベントがあるときは、確実に株式の購入を増やすのです。

また中国当局は、2017年初めから国内からの資金の流出を極端に抑え、元相場の下落を防いできました。日本企業も資金を日本に送ることができず、苦労したようです。

最近いくらか平常になったものの、こうした中国当局による強引な資本規制は、われわれ先進国とは違って、極めて強権的なやり方です。

中国人は基本的に海外に投資、あるいは送金することができません。そのため余剰資金は、中国国内に留まるしかないわけです。

そのあり余った資金の行き場がなくなって、不動産市場や株式市場、あるいは「シャドーバンク」と言われる理財商品に流れるわけです。

不動産バブルが崩壊しない一因は、かように国民の資産を強制的に国内に留めさせているからなのです。


しかし、こうしたやり方には必ず限界がきます。中国でビットコインの市場が閉鎖されたのも、その一環です。

このように矛盾だらけの中国市場が、いつまで平穏を保てるのか誰にもわかりません。

習政権が独裁的になるのも、そうしなければ国内を治めきれない事情があるからです。

中国は相変わらず、世界にとっての時限爆弾です。落ち着いているようでも、矛盾は拡大し続けています。中国情勢を楽観視することはできません。

政治がますます独裁的になるのは、経済的にも社会的にも厳しい局面が近づいているからです。中国情勢の大変動を覚悟することが、今後も必要と思われます。

第七章

為替と金相場はどうなるか

為替はこれからどう動くのか

２０１７年は、ドル円相場がまったく動かない年でした。年間の変動率はわずか10・５％と、２０１６年の半分ほどの動きでした。ドル円相場は年初に１１８円まで円安が進んだもののの、その後、反騰。年間を通じて、おおむね１１０円から１１５円程度のレンジが長く続いていました。

北朝鮮問題など地政学的リスクが高まったり、株式市場が大きく下げたりすると、ドル安円高傾向となり、逆に株式市場が順調に推移していると、リスクオンムードのなかでドル高円安傾向に動いていました。

またドル安円高に動いても、ドル高円安に動いても、ともに長続きせず、一時的な動きとなり、２０１７年のドル円相場は基本的に膠着《こうちゃく》状態でした。

これだけ米国経済が順調に推移し、徐々にではありますが、米国金利も上昇傾向ということを考えると、米国経済の強さ、日米の金利差拡大、そして米国の金利上昇懸念などから、ドル高円安方向に動くと思うのが普通です。

ところが、これとはまったく逆の考え方があります。ＦＲＢが金利を引き上げる傾向にあると、市場はそれを先読みしますので、為替相場は逆方向に動きだすというものです。

米国の金利が上がり始めた時点で、すでに金利の引き上げを織り込む見方が大勢になり、実際にＦＲＢが金利を引き上げようとすると、相場はすでに材料が出尽くしたような状態になっている、というわけです。

こうして市場参加者の思惑とは逆に、金利引き上げを契機にドルが下がり始めるのです。このような見方の典型がＪＰモルガンです。

ＪＰモルガンでは２０１８年の米国金利引き上げについて、年に4回あるだろうとの見解を示しています。

これは市場予想の年2回、そしてＦＲＢの予想である年3回を上回っています。

ちなみにＦＲＢでは、委員全員が先行きの金利見通しを予想していて、委員個々の名前を伏せたまま公表している、ドットチャートと呼ばれているものがあります。

仮にＪＰモルガンの見解が正しいのならば、日米金利差が市場予想よりも拡大するわけですから、当然ドル高円安の予想かと思えば、逆なのです。

ＪＰモルガンは、２０１８年はＦＲＢが年4回の利上げを行うとの前提で、ドル円相場の予想を１０８円から１１５円の範囲とし、ドル安円高が進むと予想しています。

このようにドル円相場を悲観的にみる背景として、米国金利の上昇が長く続かず、かつ米国金利の天井が低くなっているという見方があります。

従来、米国の景気がよくなり、金利を引き上げていくと、政策金利の上限は4％近くまで上がるのが普通でした。過去の一般的な米国の景気のパターンを振り返ると、金利を引き上げ始めた場合、4％程度まで上げると政策効果が出てきて、景気が落ち着き、そうなれば、それ以上金利を上げる必要もなくなり、めでたく金利引き上げは終わるというわけです。

ところが最近は政策金利の上限がそれほど高くはなく、せいぜい2・8％となっています。これは米国経済がかつてのような高成長ができないので、それほど金利を上げる必要がなく、以前のように4％まで上げてしまっては、景気が急失速する危険性があるからです。

かように米国経済における理想的な金利水準は、潜在的な成長率が下がっているために、かつてと比べて低くなっています。

そうなると、さほど金利差も開かず、米国金利の上昇は終わることになります。

結果的にドル高円安にはなりにくく、逆にドル安円高に動いていくことになるという理屈なのです。

またドル円相場を考える場合、日本の貿易収支にも焦点が当たります。日本は昨今の世界的な景気回復を受けて、半導体関連や電子部品、並びに省力化関連製品の輸出が拡大しています。

それが貿易黒字を拡大させており、円の需要を引き起こすために、ドル安円高を誘発します。

最近は、原油価格もかつての100ドル台から、半分の50～60ドル台に定着してきました。

日本では2011年の東日本大震災で原発が止まり、火力発電に頼るしかなくなり、原油や天然ガスの輸入を急増させた関係で貿易赤字が劇的に膨らみました。そのような資源輸入に窮した状況から、シェールオイルの出現で状況が一変。原油が劇的に安くなり、貿易黒字が急拡大しました。この円の実需が為替に影響しないわけがありません。

このような原油を取り巻く環境の変化や、世界景気拡大による輸出増加によって、ここ2～3年日本の経常収支は大きく黒字化しました。これもドル高円安への動きを阻止した一因となっています。

2018年はドル高円安になる!

それでも私は今後、基本的にドル高円安に動くと考えています。日本と欧米との圧倒的な違いは、金融政策の自由度にあると思います。

米国は量的緩和を終了させ、金利の引き上げを行いながら、正常化に動いています。

一方、欧州でも昨今の景気回復から、2018年9月にも量的緩和を終了するとの見方が大勢です。

他方、日本は常に金融引き締めの最終ランナーではあるのですが、現実に量的緩和の終了はいつになるのかわからず、金利引き上げの目処もさっぱり立っていません。

また厄介なのは、日本の抱える膨大な借金です。日本の場合は金利が上がれば、膨大に抱える国債の金利も上がるので、財政が立ちゆかなくなります。

また日銀や邦銀の保有する膨大な日本国債は、金利の引き上げに耐えることができません。ましてや米国のように日本が政策金利を3%近くまで持っていくことがあれば、債券市場はパニックになり、暴落してしまうでしょう。

かように日本は膨大な借金を抱えている関係で、欧米のように金融正常化によって金利を

2％、3％と引き上げていくことは将来的にも不可能なのです。

現在は、インフレ率が上がる状態でもなく、将来もインフレ率が上がるかどうか疑わしいという見方が大勢です。日本が政策金利を上げるという想定もほとんどありません。

しかしながら問題は、欧米各国による金融正常化で、世界的にインフレ率が上がってきた場合です。

要は世界的な金利上昇局面になったとき、日本もそれなりの影響を受けるわけですが、日本は欧米のように金利をまともに引き上げられないからです。

私はいずれ、そのようなときがくると考えています。そうなれば、日本の金利だけが異様に低く抑えられ、結果、ドル高円安が劇的に進むでしょう。

そして、そのときは相当な円安になると確信しています。

現在は、その過渡期にすぎないと思うので、仮にFXなど為替相場で勝負するなら、ドル安円高方向に投資すべきではありません。

一方で、ドル高円安方向に投資しておけば、最終的に莫大な利益を得ることができると思います。

２０１７年は、ユーロが大きく上昇した年でした。２０１８年のはじめも、まだその流れが続いています。

２０１７年初頭は、フランス大統領選挙への不安や２０１６年のブレグジット、米国のトランプ氏当選の流れから、欧州でも政治的な波乱があるのでは、という不安に包まれていました。

それがフランス大統領選におけるマクロン氏の勝利で見事に払拭され、また欧州の景気もドイツだけでなく全域で回復基調を強めていきました。これが市場の予想以上だったので、市場はドル売り、ユーロ買いで反応したわけです。

しかし、ユーロ圏は依然マイナス金利状態ですし、金利の引き上げは、早くても２０１９年初頭でしょう。米国のそれに比べると、かなり遅れています。

２０１７年はユーロが人気化しすぎたので、２０１８年はドルの巻き返しが始まるとみています。

そういう意味では、今後ドルの強さが際立ってくると思いますので、ドルが円に対してもユーロに対しても強くなる方向に進むと思います。

金相場は終わった？

２０１７年における金《きん》相場の最高値は9月上旬で、１トロイオンス１３６０ドル台まで上昇しました。それはちょうど北朝鮮で大規模な水爆実験が行われ、世界に緊張感が高まったときでした。

その後、金相場は下げに転じ、10月には１３００ドル割れとなりました。

２０１８年になり、ドル安模様を受けて金相場は再び１３６０ドル台に乗せてきましたが、上昇は長続きしないでしょう。

２０１７年は米国を含む世界の株式市場は好調で、基本的に上がり続けました。こう考えると、２０１７年の金相場は意外に下がらずに、値段は堅調だったと言えます。

金《きん》には金利がつきませんから、米国の金利上昇局面では売られる傾向にあります。一方で、金《きん》は地政学的リスクが高まれば、ないしは株式が売られれば、買われる展開となります。

金相場をもう少し長い期間でみると、リーマン・ショック後のドル不信を受けて２０１１年までは順調に上がり続けましたが、２０１１年9月の１トロイオンス１９２３ドルを境に、流れが変わりました。

金《きん》はドルに対しての信頼がなくなったときに、その代替として買われるわけです。リーマン・ショックで信頼を失った米ドルという通貨が、時間の経過とともに復活した2011年の段階が、金相場の天井であったと考えればわかりやすいと思います。

金《きん》のように極めてゆっくりとトレンドを描く相場は、高値や安値がはっきりするものです。そして一度天井をつけて下がり始めると、簡単には高値に回復することはありません。

そして現在、金相場は典型的な下げトレンドにあると考えるべきでしょう。

売りから相場を張るというなら別ですが、基本的に下げトレンドになっている相場に、手を出すべきではありません。

下げ相場においても、下がりすぎれば反発しますし、上がりすぎれば、反動で下がります。たとえ下げ相場になろうと、その途中では上がったり、下がったりするのが相場の常で、下げ相場では一進一退を繰り返しながら、結果として下げていくわけです。

FRBは今後も金利を引き上げるでしょうから、基本的に金利のつかない金《きん》投資は妙味が薄れていくわけです。

一方でここ数年、ロシアやトルコなど米国と対立を深めている国の中央銀行が、金《きん》保有を増やしていることにも注目です。

これは自国通貨の信用力を高めるため、ドルの代わりに金《きん》を購入していると思われます。

ロシアは2017年7月の時点で金《きん》保有量が1729トンと、1年で12％ほど増えました。またロシア圏のカザフスタンは、自国で産出した金《きん》を中央銀行が保有することで、金《きん》保有量を拡大させています。これらは中央銀行が米国債を保有するより、金《きん》を保有した方がいいと判断しているものと思われます。

総体としてみると、世界の中央銀行の金《きん》保有量は少しずつですが、増えています。ロシアやカザフスタンなどのように金《きん》保有量を増やす国はありますが、逆に金《きん》保有量を減らす中央銀行は見当たりません。

今後、大規模に金《きん》保有量を増やすと考えられる国は中国でしょう。

とはいえ中国は現在、ドルを放出することを極端に抑え、自国通貨の防衛に必死ですから、当分、金《きん》保有量を増やすことはないと思われます。

いずれにしても金相場は、北朝鮮をはじめとする地政学的リスクがよほど高まらない限りは、下げ基調と考えています。

特別付録

朝倉慶のピックアップ銘柄7

1 ＳＵＭＣＯ（3436）

「17年に20％強、18年も20％強の値上げを実現する」

ＳＵＭＣＯの橋本眞幸会長は、強気に値上げ宣言をしました。この宣言が当たり前、ないしは保守的と思えるほどに、現在の半導体シリコンウェーハの供給不足は深刻です。いくら増産しても供給が間に合わないのです。

とにかく世界中で半導体の需要が爆発的に増えており、ＡＩ、電気自動車（ＥＶ）、自動運転、あらゆるものをネットにつなぐＩｏＴ等々、新しい技術が次々と出てきています。

スマホで動画を見ることも今では普通ですが、これも膨大な量の半導体を必要とするわけです。

従来、半導体市況は改善と悪化を繰り返してきました。供給不足になると、半導体メーカーが大規模な設備投資を進めるのですが、新ラインが稼働し始めると、今度は需要がピークとなり、つくりすぎで供給過剰となって価格が急落し、半導体メーカーは苦境に陥るというパターンです。

日本でも数多くの半導体メーカーが倒産の憂き目にあってきました。

SUMCO(3436)

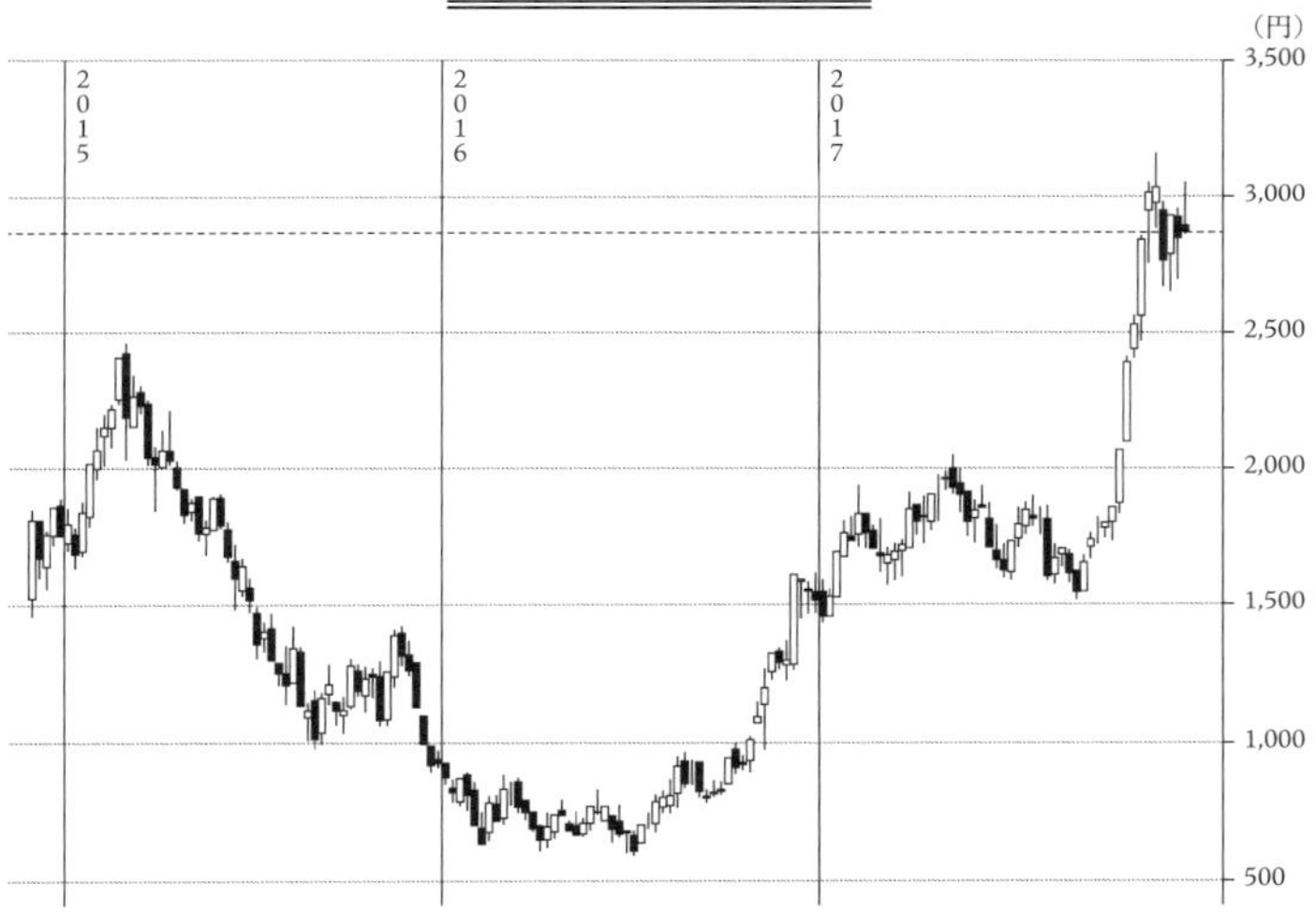

これはシリコンサイクルと言われる半導体市況の循環で、好不況を３～４年のサイクルで繰り返してきたわけです。

ところが現在の流れは、従来のシリコンサイクルとは違い、半導体の恒常的な逼迫《ひっぱく》状態となっています。

おそらく現在、起こりつつある半導体不足は簡単に終了する類いのものではなく、当分の間、絶対的な不足が続く、「スーパーサイクル」に突入したのです。

そして、この「スーパーサイクル」の最大の受益者は、ＳＵＭＣＯになるように思えます。半導体シリコンウェーハの世界において、ＳＵＭＣＯは信越化学と並び、世界における双璧です。

ＳＵＭＣＯは２０００年代のＩＴバブル

時に積極的に増産を行いました。

ところがITバブルの崩壊で需要は激減、極めて苦しい状況が続いたわけです。2012年、SUMCOはついに銀行の支援を受けることになり、太陽電池用シリコンウェーハからの撤退を余儀なくされました。そして2015年にシリコンウェーハの価格が底打ちし、優先株をやっと償却できたのです。

今までの苦難の歴史から、SUMCOは設備投資に対しては慎重でした。そのSUMCOに、神風のように半導体市況の劇的な好転が舞い降りたというわけです。

この流れはSUMCOにとって、かつてないほど強烈な追い風となり、業績は一変するでしょう。

株価は2009年から上値抵抗ラインだった2000円台前半を、2015年に超えました。その後2016年まで低迷していましたが、2017年になって戻りの高値となってきました。

こうなるとSUMCOの株価は、2007年に付けた6730円まで、チャート上の抵抗ラインが見当たらず、今後、上昇ペースが速まる可能性があるでしょう。

2 TOTO（5332）

2015年9月、中国の不良債権の実態を視察したいと思い、「朝倉慶と行く中国ゴーストタウンツアー」を企画し、中国内陸部のオルドスに行きました。

その旅行の最後に、参加者の皆さんに今後の日本株の投資対象として一番にあげたのが、TOTOでした。

以前に比べて中国のトイレ環境はよくなってはいるものの、一流ホテルでも、ほとんどがウォシュレットを設置していませんでした。これは中国だけでなく、欧米も同じです。

ですが、日本でのウォシュレット人気と、中国市場の大きさと発展を考えた場合、今後ウォシュレットのような高級トイレが急速に広まっていくに違いないと確信したのです。

また折しも中国では現在、過疎地の農村地帯を中心に共産党当局の掛け声の下、トイレ革命が進行中で、積極的にトイレの改装に力を入れています。

視察時に参加者の皆さんにTOTO株について、「3年で倍も狙えると思います」と話したのですが、現在TOTOの株価は、かように順調な上げを続けています。

TOTOは個人投資家には人気がありません。ツアーに参加したメンバーには株式投資を行っていた人もいましたが、助言通りTOTO株を購入して、3年で倍にした人はおそらく

TOTO（5332）

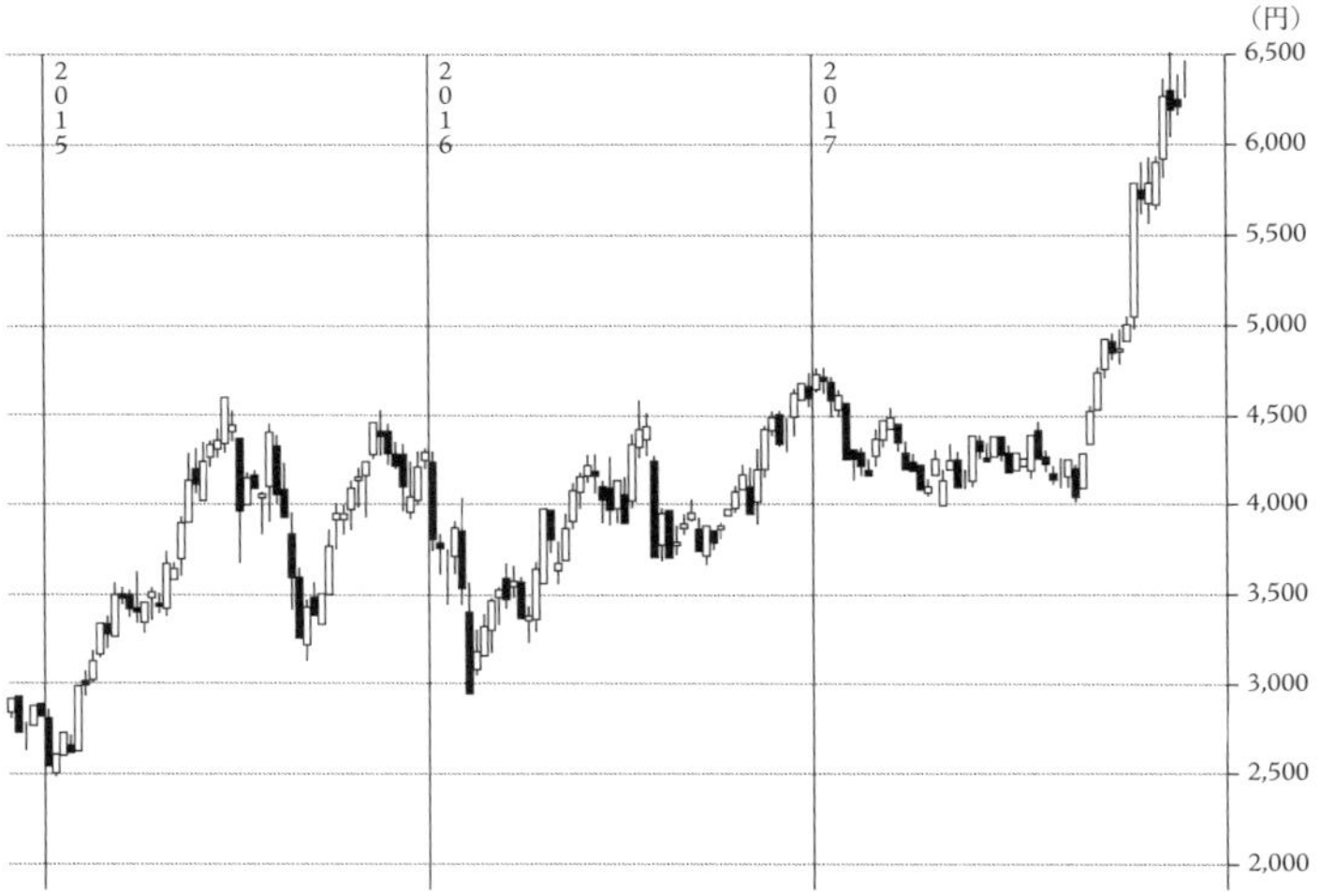

いないでしょう。

帰国後、折にふれてＴＯＴＯ株に注目しているコメントを発表し、２０１６年３月に発刊した『世界経済のトレンドが変わった！』（幻冬舎）でもＴＯＴＯを大きく取り上げました。ウォシュレットの販売拡大を確信していたからです。

ＴＯＴＯは中国や東南アジアにおいては主に富裕層をターゲットに、高級な衛生陶器を販売していくというスタイルです。

ＴＯＴＯによれば、中国や東南アジアで上位10％の層に対する高級衛生陶器販売において、４割のシェアを持っているとのことでした。

発展著しい中国や東南アジアでの、このシェアは極めて大きく、成長性は高いと思います。

そしてＴＯＴＯは、中国においてはすべて現金取引にしてもらっているとのことでした。これは中国の不良債権をみた後だったので、企業のリスク管理として好感を持ちました。

かようなＴＯＴＯですが、なぜか個人投資家が買いません。株価の動きは２０１７年になって上昇に勢いがついてきたものの、本来ＴＯＴＯの株は地味で値が軽く飛ぶようなイメージがないわけです。

ところが、ここにきて株価が大きく上昇してきたのは、昨今の業績の急拡大が背景にあり、機関投資家などのプロの買い付けが入り続けているからだと思います。

個人投資家の間で人気化する場合は、信用取引の急増などで投機的な取引も増えるのですが、ＴＯＴＯの株にはそのようなことがほとんどありません。

ＴＯＴＯの信用取引の買い残高は、２０１７年11月時点ではわずか4万株程度で、あまりの少なさに驚かされます。ちなみにソフトバンクの信用取引の残高は、同じ時期６２７万株で、ＴＯＴＯの１５０倍です。もちろん資本金も違うので単純な比較はできませんが、ＴＯＴＯ株の個人投資家への人気のなさがよくわかります。

その後、ＴＯＴＯ株の上昇ペースが速くなった関係で、信用取引の買い残高も増えてきたものの、絶対水準は低いままです。

実はプロや機関投資家は、ＴＯＴＯのような株を好みます。彼らは短期で儲けようなどとは考えていません。

たとえば年金基金を運用するような投資家などは超長期投資となりますから、時間がたっぷりあるわけです。

ＴＯＴＯのような株は、安定した業績拡大を続けて乱高下せず、人気もないので、プロや機関投資家のような大きなロットで購入する投資家にとっては扱いやすいのです。

また現在はＥＳＧといって、企業の長期的な成長に寄与する、環境（Environment）、社会（Social）、ガバナンス（Governance）の必要性が叫ばれています。

このＥＳＧを重視するというのは世界的な潮流で、ＥＳＧ専門のファンドも立ち上がっているほどです。

このようなファンドや環境に配慮した企業に投資するという意味では、ＴＯＴＯはうってつけであり、地味で堅実な会社であるからこそ、長期的な投資に向いていると言えます。

3 ステラケミファ（4109）

ステラケミファは創業100年の化学会社です。社長の橋本亜希氏は、日本では数少ない上場企業における女性社長で、創業者のひ孫です。

イタリアでシェフとしてのレストラン経営を経て、ステラケミファに入社したという変わり種で、2015年に社長に就任。「曽祖父、祖父がつくってきたものを地道に保守的に引き継いでいきたい」と述べ、株式市場では電気自動車関連株とともに人気化して、2017年に急騰しました。

やはり企業は、世界一の技術を持っていると強いものです。ステラケミファはフッ素高純度薬品で国内シェア7割、世界シェア8割を占めています。

フッ素というと、一般的には歯に塗って虫歯を予防することに使われているものというイメージですが、実は化学薬品としての用途も広く、半導体や液晶の製造工程に必要な薬液として使われたり、電気自動車に使われるリチウムイオン二次電池を製造する際にも用いられています。

電気自動車への移行は、今や完全に世界的な潮流で、今後爆発的な伸びになっていくのは

ステラケミファ（4109）

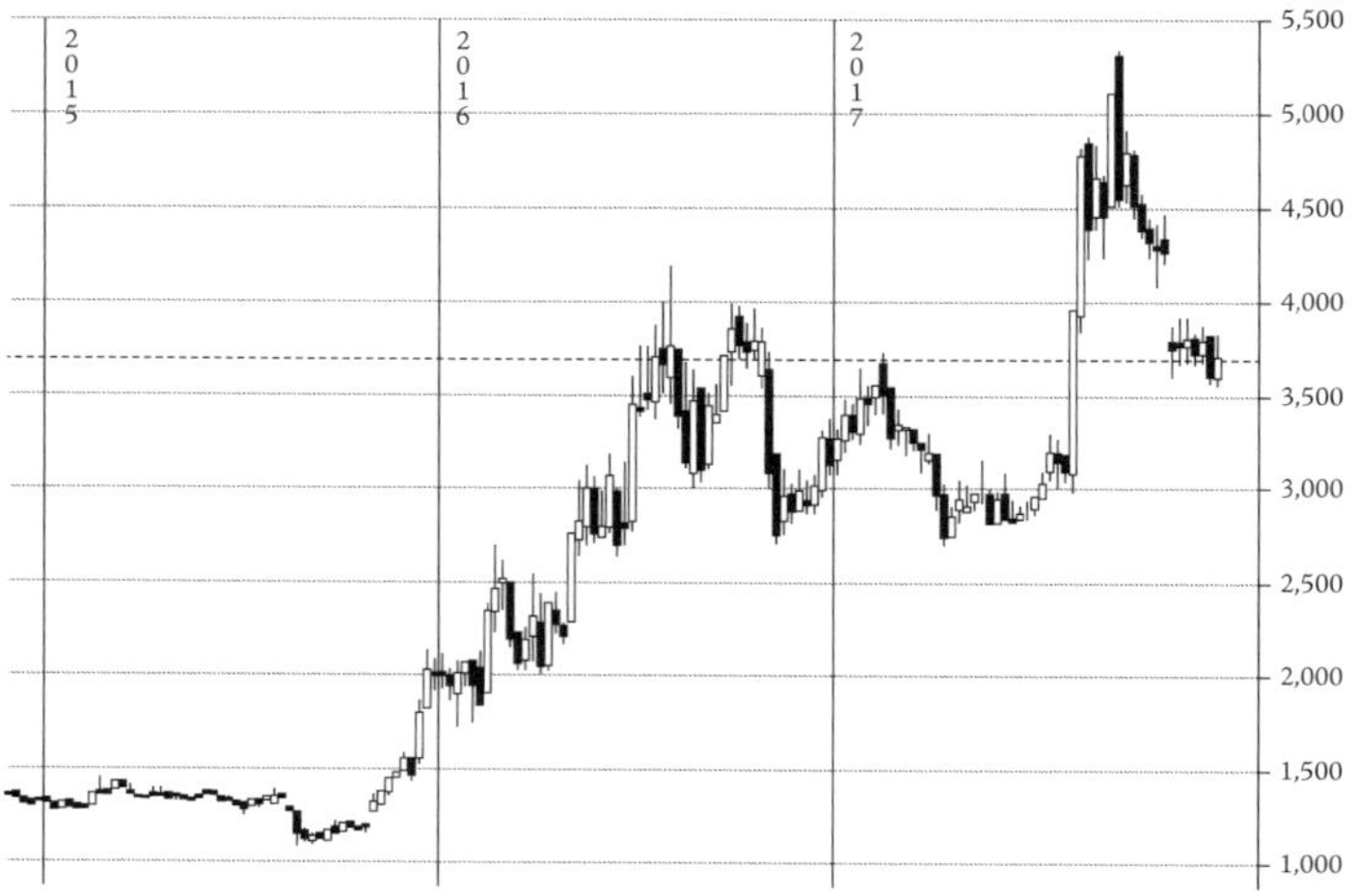

必至です。

ステラケミファの強みは、フッ素に関する数多くの独自技術を持っていることです。株価は２０１７年に急騰したものの、原料高から業績が一時的に悪化し、大きく下げました。

しかし原料高というマイナス材料は、一時的である可能性が高いと思います。

半導体や電気自動車関連という面では、それに付随する薬剤をフッ素からつくっている会社ですから、一見地味な感じですが、そこも狙い目でしょう。

4 日本化学産業（4094）

電気自動車関連というと、電池メーカーが欠かせません。パナソニックは米国ネバダ州ラスベガス郊外に想像を絶する超巨大バッテリー工場をつくりました。ここで米電気自動車の雄、テスラに納入する全電池を生産する予定です。

この超巨大バッテリー工場周辺の土地を合わせた総敷地面積は13平方キロメートルという度肝を抜く広さで、東京ドーム280個分に相当します。まさに「ギガファクトリー」なのです。

建設費用5200億円、1万人の雇用を目指しているようです。すでに2017年1月からここで電池の生産を開始していますが、現在テスラのモデル3（新型車）の立ち上げが難航しており、予定通りには進んでいません。

パナソニックの津賀社長は記者会見で、これについて楽観的な見通しを披露していましたが、あとは時間の問題で、生産は拡大していくでしょう。

電気自動車への流れはトヨタの方針も変えつつあります。トヨタはパナソニックと提携し、電気自動車用の新たな電池生産に注力していく方針を発表しました。

かように自動車産業における電気自動車への傾倒はますます激しくなっていくでしょう。

日本化学産業（4094）

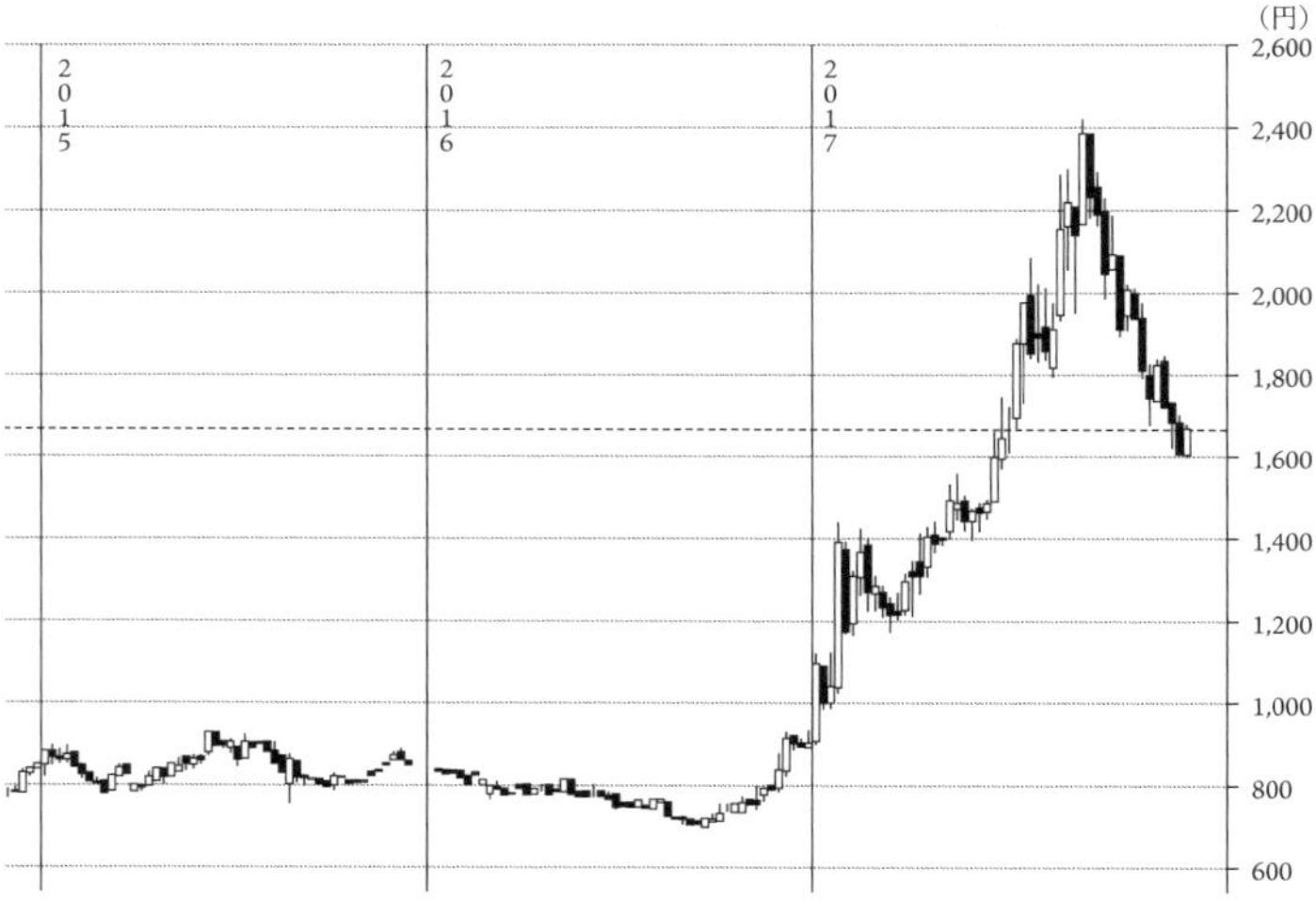

そしてパナソニックに電池の正極材を納入しているのが住友金属鉱山で、製品を大増産していますが需要に追いつかず、日本化学産業に助けてもらっているのが実情です。

その日本化学産業の工場が増強され、電池の正極材をつくる能力が１・７倍となって、ついに２０１８年初頭に稼働し始めます。日本化学産業は、東証１部の化学メーカー日本化学工業（４０９２）と名前が似ていて、間違えやすいので要注意です。

電池需要の爆発を期待して電池関連に投資する場合、もちろんパナソニックや住友金属鉱山も有力ですが、業績の変化率を考えると、売り上げや利益への寄与度が大きい日本化学産業のような中小型株を狙うのも一興でしょう。

日本化学産業は2017年9月に2423円の高値をつけて以降、テスラの問題を受けて、株価は調整模様となっています。

実際に、テスラの問題で電気自動車関連全般の株価は大きな調整局面となっています。

とはいえ、電気自動車に移行するという世界的な潮流は、変わりようもないわけです。

そういう意味では、現在人気が下火になっている日本化学産業は狙いたいところです。

5　エラン（6099）

地方で成功し、上場に至るような会社が思わぬ発展をすることが間々あります。

ユニクロを展開するファーストリテイリングが典型ですが、地方で大きな成功を収めた会社は、やはり光るものを持っています。

そのような会社が株式上場を機に知名度を上げ、日本全国に活躍の場を広げるのですが、ビジネスモデルが独創的だったり社長の能力が高ければ、大きく飛躍するわけです。

エランは長野県松本市を中心に成長してきた会社です。入院時に、患者に必要な日用品を貸しだすという業容自体は単純に思えますが、ユニークな会社で年々、業績は伸びています。

エラン（6099）

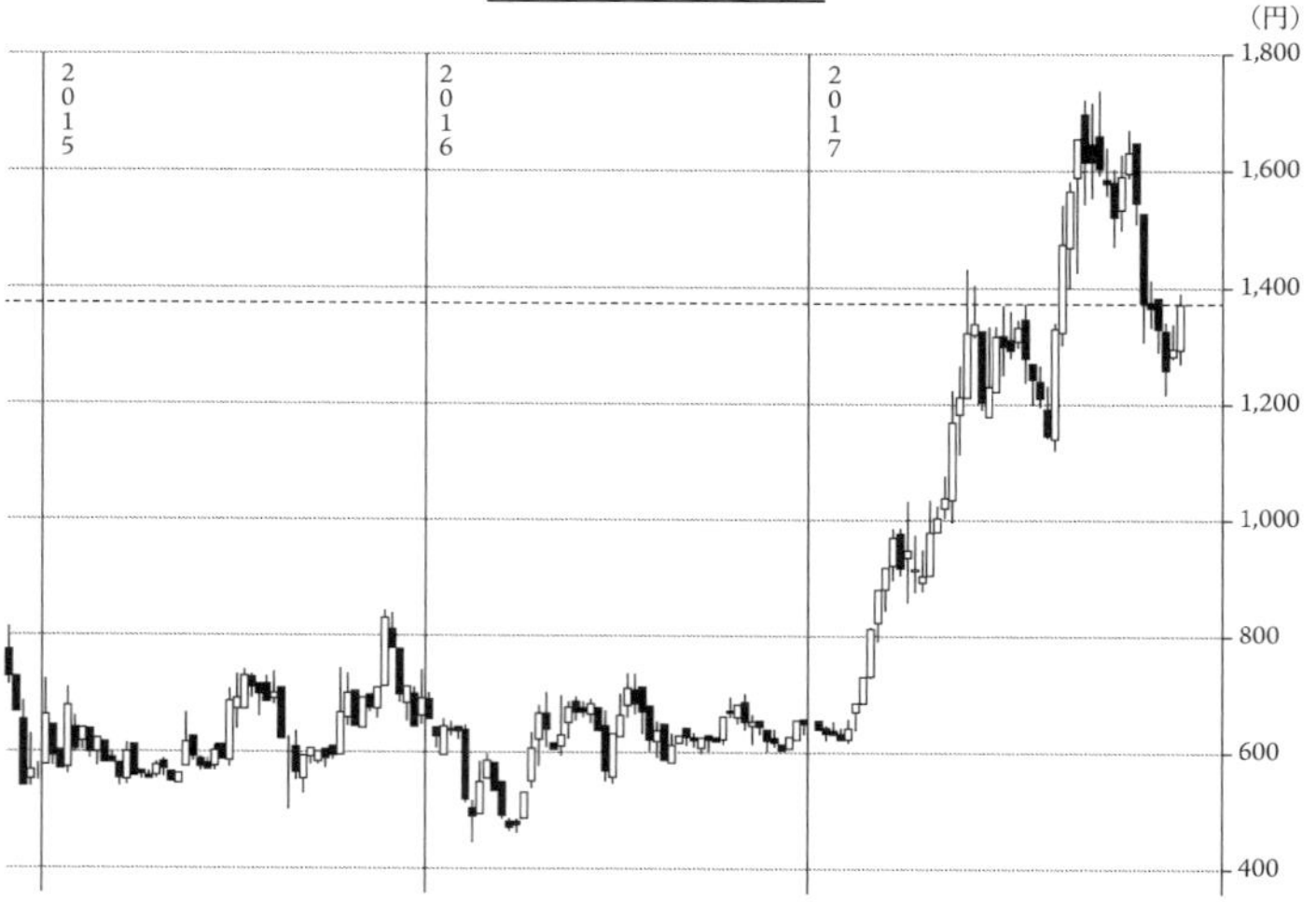

社長の櫻井英治氏はかつてプロレーサーだったということで、上場企業の創業者としては変わり種です。エランは、プロレーサーを続けることを諦めた櫻井氏が、25歳という若さで1995年に創業した会社なのです。

エランはタオルや衣類、日用品を1日単位で使いたい放題で貸しだします。非常に単純で、どこにでもあるようなビジネスモデルにみえますが、実は容易ではなく、エラン以外にこのようなビジネスをやっている会社はありません。

病院など医療に関するビジネスにはさまざまな規制や既得権が絡んでおり、それを乗り越えてビジネスを展開するのは至難の業です。その苦労を通じて汗をかき続けたことで、強固なビジネスモデルをつくり上げたのがエランなのです。

エランは入院する人たちの利便性を追求してきた会社です。入院時に必要な日用品を「CSセット（ケアサポートセット）」としてまとめて手軽に貸しだすことで、患者は「手ぶらで入院」ができるわけです。

入院する人はラクなことこの上ありませんし、身の回りの世話をする家族も、看護に専念できるようになります。病院側も助かることは言うまでもないでしょう。

かようにエランに日用品を貸しだしてもらうだけで、入院患者も家族も病院側も負担が軽減されるというわけです。

エランの売り上げは増える一方です。マザーズ上場時の２０１４年は74億円、翌２０１５年は90億円、２０１６年は１１４億円、２０１７年は１５０億円という具合です。

２０１４年11月のマザーズ上場から１年後の２０１５年11月には、東証１部に昇格となりました。

今後、日本はますます少子高齢化が加速していきます。身内の介護や入院は増えることはあっても減ることはありません。エランのビジネスモデルの優位性は続きそうですから、活躍の場はさらに広がるでしょう。

6 スシローグローバルホールディングス（3563）

新規公開株は常に大人気で、公募株を手に入れるのが極めて難しくなっています。人気銘柄のなかには公募価格の4倍以上の初値がつくものもあり、資本金の小さい銘柄ですと、大きく跳ね上がるケースも多々あります。

デイトレーダーも新規公開株については、上場後も積極的に売り買いを行いますので、余計に人気化する傾向があります。

デイトレーダーとしては短期で値幅を取りたいわけで、新規公開株の場合、上場直後は株式の売りも薄いですから、場合によっては短期間に爆発的に上昇することもあるわけです。

一方で、その弊害もあり、上場時だけ、常識を超えた高値まで上がるケースも多いわけです。その場合、その高値を二度と抜くことができなくなります。

上場時に人気が出た新規公開株ほど、異常な人気の反動で、上場から数カ月すると、大きな暴落になるケースも頻繁に見受けられます。

一方で、同じ新規公開株でもまったく逆に不人気株も存在します。

たとえば新規公開時に人気が出るのは、主にジャスダック市場やマザーズ市場に上場するような小型で、値が軽い株です。

そして、その企業の業種や業態にテーマ性があると、余計に人気化します。現在だとＡＩ関連や電気自動車、自動運転関連などが人気化しています。

ところが、東証２部上場や再上場という再生案件は、まったく人気化しません。なぜなら東証２部上場ですと、地味なイメージがあり、成長性を感じさせないからです。また再上場案件だと、主に企業再生に絡んだファンドなどが、上場時に売りに出すことが多いので、値段が大きく上がるイメージがないからです。

かように新規公開株については人気化するものとしないものに二極化しています。

新規公開株の場合、公募価格の設定は、アナリストが公正な判断の下に値段を算定しています。そういう意味では、公募株の値段は、本来の企業の妥当値に近いわけです。それが公開されて市場に出ると、投資家からの人気度によって大きく上がったり、下がったりするわけですから、その歪みは投資のチャンスでもあるわけです。

仮にデイトレーダーのように短期で大きく儲けたいと考えるのであれば、投資する新規公開株は人気化必至で、株価が短期で大きく跳ね上がる可能性のあるものでなければ、妙味が

スシローグローバルホールディングス（3563）

ありません。

東証2部上場や再生案件などに投資しても、短期で人気化するはずもないですから、デイトレーダーが目を向けるわけがないのです。

ところが中長期で考えれば、人気化しない新規公開株は、上昇する可能性も高くなるわけです。

新規公開で公募株を手にした投資家も、上場時から大きな儲けが出ることを期待するわけですが、期待通りにならないとがっかりして短期で売却に走るケースも多くあります。

元々地味な案件には人気が出ないわけですが、新規公開株で不人気株の場合は、短気な投資家の投げも出て、必要以上に売られてしまうのです。

スシローは典型的な再上場案件でした。回転ずしなど今時ブームでもありません。スシローは２０１７年３月に東証１部に上場したのですが、２００９年４月以来８年ぶりの再上場案件ですから、ほとんど人気化しませんでした。

上場後も公募価格近辺で推移しました。上場後、半年以上経過した11月になって、再生をリードした筆頭株主のコンシューマー・エクイティ・インベストメント・リミテッドが保有株をすべて売却したことが明らかになりました。

投資家は、いずれ筆頭株主がスシローの株を売却するだろうから、上値では買えないと考えていました。というのも、売りたいと考えている大株主がいると、株価は大きく上がりようがないのです。だから一般投資家も、購入を思い留まってしまうのです。ところが筆頭株主が全株売却したのであれば、話は変わります。いわば今まで上値を抑えていた相場の重しが取れたわけですから、これをみて多くの投資家がスシローの株式購入に動いたというわけです。

現在の好業績を考えると、今後も上昇が期待できるでしょう。

スシローの例でもわかるように、新規公開株の狙い方として、人気のないものをじっくり拾うということも、効果的だと言えます。

7 テックポイント・インク（6697）

新規公開株の不人気株は狙い目ということを指摘しましたが、今度は逆に新規公開株のなかでも、化ける可能性のある株を紹介したいと思います。

新規公開株はどれも大きな可能性を秘めているとは思いますが、そのなかでも「これは！」と思うような会社にぶち当たることがあります。

それが予想通り、大きな成長を遂げるかは未知数ですが、株式投資の醍醐味《だいごみ》の一つでもある大化けを狙うのも面白いものです。

その場合、狙う企業はまだ広く知られておらず、資本金や売り上げや時価総額が高くないことが一つの条件で、時価総額50億円以下であれば理想的です。

新規に株を公開するような会社は、まだ社会に広く認知されているわけではありません。ですから、その段階で大きな利益を叩きだしている必要もありません。

発展段階ではまず売り上げが毎年、勢いよく伸びていることが重要です。売り上げに勢いがあるということは、その会社の商品に魅力があるということです。売り上げさえ伸びていれば、その時点で利益があまり出ていなくても、将来的に利益はついてくるはずです。テックポイントは工場を持たない、ファブレスの半導体企業で、監視用カメラや車載カメラ向けの半導体をつくっています。売り上げは２０１５年は22億円、２０１６年は30億円、２０１７年は36億円と確実に増えています。従業員は56人という、これからの会社です。

社長は日本人ですが、米国発のベンチャー企業で、逆輸入の株式上場です。テックポイントの業務や営業の中心はアジアです。地域別の売り上げをみると、中国が88％、韓国が６％、台湾が４％、日本はわずか２％という構成です。

通常、中国での売り上げがこれだけ多いと、何かとリスクを感じるのですが、今回の場合はリスクを感じさせません。それは中国でテックポイントの製品が、監視用カメラに使われるからです。

中国は現在、完全な監視社会です。人はどこに行ってもカメラで監視されています。中国人は当局に監視されているのに慣れているので、あまり不自由さは感じないようですが、一党独裁の共産党にとって、政府に反感を持つ異分子は何としてもみつけださなければなりません。

そして当局による監視体制は、強まることはあっても弱まることはあり得ません。その中国の監視カメラに採用されているテックポイントの半導体は、相当優秀な製品だと考えていいでしょう。監視カメラの需要は中国で爆発的に増えていく模様ですが、他の国でも大きな需要が見込まれるはずです。

テックポイントの開発した半導体を使うと、映像が高密度で解析されたまま、遅滞なく、従来のケーブルで送ることができるようです。

2K、4Kといった高密度の映像は、従来のケーブルでは送れないのが普通です。結果、高密度の画像を送ろうとすると、カメラ代以上にケーブル代がかさんでしまうのです。

この点、テックポイントの映像用の半導体は極めて優れものなのです。

社長の小里文宏氏はリコー出身で米国で活躍、35歳のときに半導体ベンチャー企業、シグマックス社を立ち上げましたが、2年後に米企業アダプテックに売却しています。

その後、小里氏は1997年にテックウェル社を設立、2年後に監視用カメラ向けの半導体チップを出荷し始めます。この企業は順調に発展し、設立後9年が経過した2006年にナスダック上場を果たしています。

かような経歴の持ち主である小里氏が立ち上げたテックポイントは、自らの専門分野である監視用カメラの半導体の会社ですから、期待も膨らむというものです。

テックポイント・インク(6697)

日本ではほぼ無名ですが、可能性に賭けたい気がします。

株価は２０１７年９月29日マザーズに上場、公募価格６５０円に対して上場時には１０７２円の値がついて人気化しました。

その後、急騰に次ぐ急騰となり、10月12日には２９５０円まで上昇。あっという間に公募価格の４倍強となりました。

若干、期待が先行していたようにも思えます。

その後、株価は調整に入り大きく下落、１０００円台でもみ合うようになりましたが、買いどきと言えなくもありません。

テックポイントという会社は本物でしょうか? 株価が答えを出してくれるでしょうから、今後の展開が見ものです。

あとがき

「朝倉さん、本のタイトルを変えましょう。これでは売れません！」

突然、担当編集者からタイトル変更の要請がきました。この本のタイトルは『株の暴騰が始まった！』で、私が考えている先行きの展開を考えれば、「ピッタリだ」と思っていたのですが、それがまずいと言うのです。

編集者によると、作業を進める段階で、ほとんどの関係者が『株の暴騰』を『株の暴落』だと間違えて認識している。これでは一般の読者も、タイトルをみたときに、世間でよくある暴落本だと思って買わないだろうというのです（結局は、これ以上に最適なものがなかったため、このタイトルで進めることになりました）。

笑い話のようなエピソードですが、これには驚きました。そして現在の日本のムードを考えると、妙に納得できたのです。何しろ日本人は空前の株高にもかかわらず、「株ブーム」とまったく無縁ですから。本書で指摘した通り、日本人の「株売却ブーム」は止まらず、マスコミや多くの知識人も株高に批判的です。

日本人のほとんどが「やがて株は暴落するに違いない」と思い込んでいるのです。

世界的な株価の高騰に対して「今がピークだ。リスクを考えろ！」というわけですが、日本人の考えるリスクは、暴落一辺倒のようです。

リスクとは双方向にあるわけです。暴落もリスクなら暴騰もリスクです。


日本人はバブル崩壊で株価が20年にわたって下がり続けるという稀有《けう》な体験をしたことで、暴落リスクのトラウマから抜けだせません。

そして、マネーの際限のない供給によって株式が暴騰するリスク（インフレリスク）をまったく忘れてしまったようです。

今年の株価予想をみると威勢のいいものが多く、株価上昇の期待を持たせるのも事実です。しかし、そこに必ず注釈がついてきます。「リスク要因として……」


日本人が考え方を変えて投資に乗りだすには、まだまだ高いハードルがある気がします。

まずは今年から始まった、つみたてＮＩＳＡによって資産が増えたことを実感できた若者から、投資に対する考え方を変えていくのでしょう。

そして日本人の大多数については、実際にかなりインフレ気味になり、本格的な物価上昇が始まったときに変わってくるのだと思います。

やがて、預貯金だけではどうにもならないという状況がやってくるでしょう。

しかし、そのようなとき、株価は今から想像もつかないくらいに暴騰しているというわけです。資産がどうなるかは、現段階での、みなさんの行動次第なのです。

〈著者プロフィール〉
朝倉 慶（あさくら・けい）
経済アナリスト。㈱アセットマネジメントあさくら代表取締役社長。1954年、埼玉県生まれ。77年、明治大学政治経済学部卒業後、証券会社に勤務するも3年で独立。顧客向けに発行するレポートで行った、数年の経済予測がことごとく的中する。船井幸雄氏が著書のなかで「経済予測の超プロ・K氏」として紹介し、一躍注目される。『世界経済のトレンドが変わった！』（幻冬舎）など著書多数。

株の暴《ぼう》騰《とう》が始まった！

2018年2月20日　第1刷発行

著　者　朝倉 慶
発行人　見城 徹

発行所　株式会社 幻冬舎
〒151-0051　東京都渋谷区千駄ヶ谷4-9-7
電話　03(5411)6211(編集)
03(5411)6222(営業)
振替　00120-8-767643
印刷・製本所　中央精版印刷株式会社

検印廃止

Printed in Japan
ISBN978-4-344-03256-9　C0095
幻冬舎ホームページアドレス　http://www.gentosha.co.jp/

この本に関するご意見・ご感想をメールでお寄せいただく場合は、
comment@gentosha.co.jpまで。